帝企鹅教育

名师高效教育启示录

马国忠 华小克 编著

人民东方出版传媒
東方出版社

图书在版编目（CIP）数据

帝企鹅教育：名师高效教育启示录 / 马国忠，华小克编著. —北京：东方出版社，2015.3

ISBN 978-7-5060-8085-9

Ⅰ.①帝… Ⅱ.①马… ②华… Ⅲ.①中学教育-教育研究-中国 Ⅳ.①G639.2

中国版本图书馆 CIP 数据核字（2015）第 059182 号

帝企鹅教育：名师高效教育启示录
（DIQIEJIAOYU：MINGSHI GAOXIAO JIAOYU QISHILU）

编　　者：马国忠　华小克
责任编辑：夏旭东
出　　版：东方出版社
发　　行：人民东方出版传媒有限公司
地　　址：北京市东城区朝阳门内大街 166 号
邮政编码：100706
印　　刷：北京京都六环印刷厂
版　　次：2015 年 5 月第 1 版
印　　次：2015 年 5 月第 1 次印刷
开　　本：710 毫米×1000 毫米　1/16
印　　张：14.25
字　　数：192 千字
书　　号：ISBN 978-7-5060-8085-9
定　　价：36.00 元
发行电话：（010）64258117　64258115　64258112

前言

挑战传统教育模式，开创高效教育之先河

教育的目的是集众力培养人才。针对这一点，教师、家长以及每一位与教育事业密切相关的人心里都十分清楚。但是，对于青少年学生而言，中考能考上重点高中，再由重点高中考入名牌大学，成为优秀人才的希望才能被真正地点亮。可怎样才能登上通往优秀人才之巅的一个个阶梯呢？这是一个极为复杂的问题，对许多人来说难以用简单的语言去阐释。令人惊奇的是，北京著名教师孙维刚在他的教育实践中，用自身的教育行动和学生的高考成绩回答了这个问题：让不聪明的孩子变聪明、让聪明的孩子更聪明；让不爱学习的孩子爱上学习、让爱学习的孩子训练出超前思维……这样的教育理念实施以后，孙维刚创造了至今无人可超越的奇迹——普通中学的实验班 55% 考上北大、清华。毫无疑问，在孙维刚的培养教育下，这些学生登上了成才的第一个至高点，赢在了精彩人生的起跑线！

北京还有一所中学，每年有近四分之一的学生提前被国外名牌大学录取，每年有约 300 人次在各类竞赛中获奖，96%以上的毕业生高考成绩达到重点大学录取线，40%左右考入北大、清华两所著名高校。2014 年高考，理科平均成绩 654.6 分，为全北京市第一，600 分以上人数占 96.3%，最高分为 711 分，一本上线率为 99.3%；文科平均成绩为 643.2 分，600 分以上人数占 94%，最高分

为688分，一本上线率为100%。在北京市乃至全国综合成绩首屈一指。能创造如此非凡成就的就是北京第四中学（简称北京四中）。

北京四中的教师是以怎样的教育、教学方式培养学生的？

知晓他们的工作细节后便能揭开这个谜底，同时也会视界大开，找到解决教育难题的金钥匙。

本书将孙维刚和北京四中优秀教师的教育、教学方法以及教育理念，进行细致入微的多角度讲述，让广大教师深入了解培养人才的智慧在哪里，引导学生开悟的方法潜藏在教师怎样的言谈举止中。与此同时，向有责任心、有使命感的教师进行高效教育方法的渗透，试图把先进的教育理念以最容易接受的方式传播出去，把成功的教育经验以具有实战意义的讲述推广出去，使教师和学生一起受益，促使更多的教育工作者对传统教育模式进行反思，在实际工作中进行卓有成效的、具有颠覆性的改变。

有位高僧在讲道时曾说，古代圣贤之人，如孔子、孟子等，他们之所以能成为圣贤是因为“做到了”。“做到了”如同一把尺子，丈量着人的心性与行为。人们在很多方面都说得好听，可是真的“做到了”吗？有关教育学上的道理以及名家提出的教育理念，很多教师都懂得，写论文、做讲座都能讲得头头是道，可是在教育实践中真的“做到了”吗？没有。孙维刚及北京四中的优秀教师，他们之所以成功是因为在日常工作中真的“做到了”。

教师如果不能把先进的教育理念运用在实践中，触发学生在学习方法、学习意志上有突破性的改变，再先进的教育理念又有何用？优秀人才、顶级人才又怎么会破茧而出？

每年，全世界哪个国家的大学毕业生也没有中国多，可是我们世界级的、能主导一方的发明创造为何如此之少？如果说责任全归于教育失败有些牵强，但是，教育方法的落后，所培养的优秀人才、顶尖人才数量过少是不可回避、必须用行动尽快改变的现实。

辛亥革命先驱黄兴在100多年前就做出了这样的推断：“国家之富强在于民智，民智之增进在于教育。”这句话在21世纪的现代社会得到了最明确的验证：世界已经进入谁有高科技谁就有话语权与政治、经济决定权的时代，科技决定国力也已经是每个人都能体验到、感受到的事实。发达国家在通讯、计算机、航天等领域占有的技术专利，不仅成为他们的滚滚财源，更展现出所处领域的竞争力和控制力。因此，可以做出这样的推断：中华民族的伟大复兴必将以科学技术的进步为基础，而科学技术进步的必由之路就是教育创新，培养高精尖人才。

“帝企鹅教育”立足于向传统的教育模式提出挑战，融合东西方先进教育理念，把孙维刚、北京四中创造的教育奇迹作为标杆，在教育实践中摸索、探讨高效教育模式，激发学生内在的学习潜能，像孙维刚那样打造学生的“超强大脑”，使教师和学生一起快速成长，不辱“教育者，非为已往，非为现在，而专为将来”（蔡元培语）的神圣使命，为实现伟大的中国梦发挥教育应尽的义务，贡献教育工作者的全部智慧与力量。

目录

A篇 教育，栽培剪伐须勤力

A篇　教育，栽培剪伐须勤力

当教师把每一个学生都理解为他是一个具有个人特点的、具有自己的志向、自己的智慧和性格结构的人的时候，才有助于教师去热爱学生和尊重学生。

第一章

竭诚挚爱，助力学生的快速成长

帝企鹅生活在南极最寒冷的地方，繁育后代的任务要在极艰难的环境中完成。一个新生命的成长融入了帝企鹅“双亲”和整个族群全部的爱。这种极致的爱不仅令人感动，更能激发人们为下一代的成长付出真诚和智慧。

“帝企鹅教育”提倡教师应该像北京著名教师孙维刚和北京四中优秀教师那样，将教育理念置入对学生的挚爱中施展，善于用一片精诚之心点亮成长的心灵。

名师挚爱，一片冰心在玉壶

北京第 22 中学的数学教师孙维刚在普通中学创造了全班 55% 的学生考上北大、清华的奇迹，他的成功之道就是为学生付出真情挚爱，同时采用高效教学的方法，让不会学习的学生学会学习，让不聪明的学生变聪明，让聪明的学生更聪明。激励学生去摘取学业上的桂冠。

新年到了，按照惯例要开新年晚会，送给同学们什么礼物呢？孙维刚决定送每位学生一本自己的新书《高中数学》。新年之前，孙维刚同时出版了《初中数学》《高中数学》两本书。这时他带的班是初三第一学期，但早在初二就结束了初中课程，所以他送学生的是讲高中数学这一本。每人一本，全班 46 名学生，仅购书款就花掉了近千元。在向学生赠书这件事上，孙维刚投入的是比这笔钱更多的心血：他用了整整三天的时间，在书的扉页上针对每个学生的特点写上了赠言。优点、缺点、努力方向等写得中肯、诚挚，让每个学生在读这本书时都对自己的未来充满信心。

在这个班之前，孙维刚的学生中有四人代表北京市参加第七届中国数学奥林匹克竞赛。这一届是在北京举行，各代表进驻农业科学院营地。竞赛第一天早晨，孙维刚早晨起来大量尿血。自从他患上膀胱癌后，还从没出现过这种情况。怎么办？是去医院还是去竞赛现场？身为北京数学奥林匹克教练的孙维刚思考了片刻，还是下楼乘公共汽车赶到了农科院，陪伴北京市所有的队员比赛。无论前面是成功还是失败，孙维刚都要将关爱送到学生的心坎上，不留一丝一毫的缺憾。

晚上该送队员上五楼去休息了，孙维刚还是大量尿血，每走一步都疼痛难忍。自己还要走上五楼送学生吗？他的决定是，上！如果自己不上去送他们，学生就会想，这不是孙老师一贯的作风呀，难道他的身体出现什么大问题了吗？这将分散他们的注意力，在第二天的比赛上分心走神，会影响实力的发挥。于是，他咬着牙，装作若无其事的样子送学生上了五楼，然后乘公共汽车回去，到医院打了止痛、止血针。第二天，孙维刚还照例去陪伴征战赛场的学生们。

美国科学家爱因斯坦说："只有爱才是最好的教育，它远远胜于责任感。"

每年的这个竞赛，是为当年参加国际数学竞赛的国家集训队选拔队员。这次北京队冲击失败了，孙维刚也第二次住院进行了手术。

事隔三年后，孙维刚带的又一轮奥数班已经在读高二了，他的学生阎珺去合肥参赛，孙维刚送他上火车；学生没有入选，从合肥回到北京，孙维刚亲自到火车站接他。第二年，阎珺去天津参赛，孙维刚又陪他去了天津，这次冲击成功了，阎珺入选了国家集训队。

两个月以后，孙维刚和全班同学深夜送阎珺上火车，去武汉参加国家集训队为期一个月的考试，选拔六人组成国家代表队，孙维刚和他每天通一次长途电话，商讨对策，讲授解题方法，这次又获得了成功。阎珺回北京时，孙维刚带着全班同学到火车站接他。阎珺回到学校后，孙维刚每天陪他跑步，帮他翻译资料。不久后，亲自送阎珺乘飞机去武汉再次集中受训。

所有的努力都换作了耀眼的辉煌——阎珺获得了第 37 届国际数学奥林匹克金牌，知道这个消息时，孙维刚与学生们拥抱在一起喜极而泣。在阎珺回到北京时，学校领导和全班同学齐集首都机场，打着大横幅："热烈欢迎阎珺同学为国争光胜利归来！"

这就是孙维刚用生命的代价培育学生的故事，为了学校、北京市和祖国，他们刻苦奋斗，同尝苦乐、彼此真诚、心心相印。

阎珺获得了第 37 届国际数学奥林匹克金牌，只是孙维刚帮助学生铸就超强大脑的一个缩影，在他的班级里原本普通的学生都变得出类拔萃，他们用一年时间学完了初中三年的数学，用初中三年学完了整个中学六年的课程，其他学科成绩也十分突出，要不怎么会有全班 55% 考上北大、清华的奇迹发生？正如刘禹锡《浪淘沙》所写言："千淘万漉虽辛苦，吹尽狂沙始到金。"一切都是由辛勤汗水的浇灌所得。

谆谆教诲，直挂云帆济沧海

教师及时发现学生的弱点和不足，用因势利导的方式帮助学生加以克服，产生的良好效果会影响学生的整个人生历程。烈士后代彭壮壮就是在孙维刚谆谆教诲下成长起来的精英，恩师的一言一行为他的学业、事业打上了鲜明的烙印。

彭壮壮是孙维刚第二轮实验班中身份特殊的学生，他是革命烈士彭咏梧与江竹筠（江姐）的孙子。彭壮壮本可以选择北京名牌重点中学，可专家出身的外公和在美国马里兰州大学读博士的父母经过商量决定，让他报考普通中学——北京 22 中，成为孙维刚第二轮从初一到高三大循环实验班的学生。

入学不久，孙维刚准备和彭壮壮谈一次话，他招呼彭壮壮说："壮壮，我们到操场走走。"孙维刚带着他来到校园里漫步。他说，"你的爷爷奶奶是我崇敬的革命先烈。你来到我们班，就是我对国家和人民的一份责任，更是对你的爷爷奶奶的一份责任。壮壮，老师现在就可以告诉你，跟我六年，等你学成之时，你完全可以站在歌乐山上毫无愧色地大声说：'我没有辜负爷爷奶奶流血牺牲的这片土地和人民。'但是，孩子，现在可要记住，奶奶的光环不属于你，从今往后，我不会在同学面前提你的家世和身份，你要靠自己的努力来取得成绩。"彭壮壮似懂非懂地点了点头。

孙维刚在班里除了介绍学生姓名时说"彭壮壮是烈士的后代，希望他不要辜负革命先辈的期望"之外，从没有把他与他的爷爷奶奶联系到一起。壮壮也没有丝毫的优越感，他不仅跟孙维刚学到了知识，更感受到孙维刚那颗炽热的爱国之心和美好情操。

孙维刚在开学后对学生们说："我觉得读书最高的境界是，你们毕业离校时把老师教的知识全部忘光，剩下的才是真正的成果。"彭壮壮听了这句话有些愕然。将信将疑之际，孙维刚的话已经延伸到更深邃开阔的领域："同学们记住，这句话不是我的专利，是大数学家劳厄说的。不过我理解这个'成果'就是知识之外的能力，是一个人的综合素质。"彭壮壮和其他同学一样，对孙维刚的话仍然似懂非懂，但是孙维刚接下来说的两句话，不仅学生们都听得非常明白，而且高兴得喜形于色。孙维刚说："我郑重宣布，今后数学不留家庭作业，其他科我建议尽量少留或不留。"孙维刚就这样开始了对第二轮实验班的精心耕耘。他的所说和所做让彭壮壮终生难忘。

美国科学家爱迪生说："头脑可以像肌肉一样地得到发展，只要你肯不辞辛苦地训练你的心智去思想。"

"我看初中三年的数学课时间太长，纵使是智力平平的学生，一年足矣。"

"去，都给我到操场去，每天傍晚男生跑1500米，女生跑800米，天天跑，不能间断。"

时光匆匆，初一的一年时间很快就过去了。初二开学第一天，孙维刚宣布"咱们班的体育委员是彭壮壮"，顿时全班哗然，彭壮壮自己更是惊愕不已，连忙站起身来说："老师，您选错人啦，我不行……"

孙维刚笑着说："壮壮，你还没有试怎么说自己不行呢？老师认为你能行，同学也认为你可以！"读懂了老师良苦用心的同学们对孙维刚的话报以热烈的掌声。

彭壮壮在孙维刚鼓励下认真地做体育委员的工作。一个学期过后，他不仅自己跑下1500米，还指挥全班同学参加学校体操比赛，并夺得第一名。彭壮壮迈过了一个困难的门槛——完全克服了胆怯、内敛的性格，变成了开朗、活泼的阳光男孩。

有一天上平面几何课，孙维刚出现口误，说了一个"圆内切四边形"，彭壮壮听后皱了一下眉头。学生细微的变化没有逃过孙维刚的眼睛，他意识到自己讲错了，马上纠正说："同学们，刚才壮壮突然皱起眉头，我马上意识到自己说错了。老师虽错犹荣，我分享到了学生挑战老师的喜悦……"

彭壮壮就这样在孙维刚的欣赏和赞扬中一天天长大了。

读高二的时候，彭壮壮要到美国读书，孙维刚不免心生惋惜之情——壮壮是他最得意的学生之一，他原本想一口气将壮壮送进清华或北大的。彭壮壮也哽咽不已："老师，不管走多远，我都忘不了你的教诲……"

彭壮壮远行美国马里兰州读高二，他的数学成绩在同学中脱颖而出。参加全美中学生数学奥林匹克竞赛，他获得第10名，只因为没有绿卡，他不能加盟美国中学生国际奥林匹克数学队。

孙维刚正在大洋彼岸为彭壮壮扼腕叹息之际，一封来自美国华盛顿的信寄到北京22中，美国著名的西屋奖评奖委员会在函件中写道："尊敬的孙维刚先生，祝贺你的学生彭壮壮获得西屋奖。彭壮壮提到在他的学术成长中，你是对他影响最大的老师，请你与我们一起分享这个幸福的时刻！”彭壮壮是中国大陆学生中获此殊荣的第一人。

西屋奖在美国有少年诺贝尔奖之誉啊！捧着这份信函，孙维刚为彭壮壮感到高兴，更为自己的学生取得这么好的成就感到欣慰。

彭壮壮中学毕业后，考入哈佛大学数学系，后又入普林斯顿大学攻读博士。获得博士学位后回北京工作。彭壮壮在回忆孙维刚的文章中写道：“作为孙老师二轮班的一员，我曾在四年的中学生活中受到他不倦的教诲，在远隔重洋，身处异国他乡时与他探讨事业与人生的困惑，在回到祖国后与他促膝长谈对未来的希望，这些对我来说既是今天的深情回忆，也是明天的无限财富和永远动力……孙老师在教学中最常提到的一个思想是‘换个角度看问题’。我还记得在给我们讲这个深刻的思想时，他非常生动地讲起了西山碧云寺的故事。‘你们去过碧云寺吗？’他问道，‘那里有一个非常有名的五百罗汉堂，里面有各式各样的几百个罗汉。不过你要是仔细数下去，只有四百九十九个罗汉。怎么回事呢，原来最后一个是济公，他坐在梁上。他俯瞰人间的角度，就和我们站在地上，向上看的角度完全不同。’讲了这个故事之后，他又给我们讲了一道立体几何题，将他‘换个角度看问题’的思想充分地加以阐释。十几年后，当我在普林斯顿大学做我的数学博士论文时，‘换个角度看问题’成了我最核心的思想工具。”在谈到孙维刚让他担任体育委员时，彭壮壮说：“很多年后我才慢慢地了解他的良苦用心。现在我无论是向客户的高层领导汇报，或是为上百名中层管理者培训，都与他对我的教育、给我的锻炼机会无法分开……孙老师虽然已离我们而去，但他对我们的影响将继续随我们而存在。我们对他的纪念，是在今后人生道路上对他的精神的继承和发扬，我们的生命本身，将会是他的生命的延续。”

教师的最大作用就在于影响学生的人生历程，孙维刚不仅做到了这一点，也将奉献科学的人文精神传承下去了，这是他与众不同、最令人敬仰的风范。

竭诚忘我，化作春泥更护花

孙维刚教出许多优秀的学生，使教育的作用发挥到了极致。追根溯源，是他付出全部爱心和智慧结出的硕果。

有一年夏天，正是中考复习的关键时刻，因为6月24日~26日，即北京市中考的日子正在逼近，所有初三学生都在进行紧锣密鼓的复习。孙维刚班上的同学更是争分夺秒。有一天上午，李冰同学的座位空着，孙维刚问他旁边的同学，李冰去哪里了。有人说，他早晨来了，有点儿不舒服上医院拿药去了，过会儿就回来了。孙维刚见李冰的书包还在位子里，也就放心了。这些日子，班上几乎没有人请假。

下午放学前孙维刚来到班级里，李冰的位子仍然空着，有同学想把李冰的书包顺便带回去，孙维刚没同意，说就让他在家里好好休息一下吧。

晚上10点孙维刚回到家，刚进家门电话就响了，拿起听筒后就传来李冰爸爸的声音："孙老师，李冰病了，风疹，有些发烧，这是最近流行的病，传染。听说有的中学，大半个班都病倒了，所以，李冰一听说自己得了这病，从医院直接回家了，怕传染别的同学没敢回班，书包也没去取，我怕我身上也有病毒，也没到学校去。"听了李冰父亲的话，孙维刚的呼吸沉重起来。"孙老师，我打电话给您，一是给李冰请个假，等他彻底好了再去学校；二是请您告诉同学们，喝板蓝根，一次两包，一天两次，可以预防，明天教室里要熏熏醋，多通风，不知李冰是不是已经把病毒散到教室里了，全班同学一定要多加预防。"

手拿话筒的孙维刚非常感谢李冰的父亲，并表示要赶紧采纳他诚恳的建议。放下电话，孙维刚看了一眼墙上的表。这时已经10点，按他们班的安排，学生们已经入睡了，但是，喝板蓝根更重要，万一果真如李冰爸爸所说，李冰已把病毒带进教室，这样就糟了。这时，孙维刚记起白天在办公室听说有的班级请病假的同学非常多，是不是这种流行病已经在校园里蔓延了？于是孙维刚断然决定，全班停课，有病没病都在家复习。

给学生打电话吧，按照惯例，孙维刚第一个拨通了班长郭绍汾的电话，不过孙维刚说今天不用他再通知别人了。孙维刚对郭绍汾说："我和你通完电话，美国哲学家威廉·詹姆斯说："种下行动就会收获习惯，种下习惯就会收获品格，种下品格就会收获命运。"

你喝了板蓝根赶快再上床睡觉。"但郭绍汾就是不肯，而是再三恳求孙维刚由他给同学家里打电话，争了好半天，结果是两人一分为二，通知家里有电话的同学。

"起来喝板蓝根，一次两包，一天两次，明天晚起床，从明天起，自己在家复习三天。"这一声声带着真情的"命令"通过电流，在深夜北京市电话线网上流向了四面八方。

郭绍汾还问孙维刚："没电话的同学怎么办？"孙维刚说："明天一大早我亲自到学校大门口去拦住他们。"

孙维刚给学生打完电话已是深夜12点，他骑车进城，到交道口芳草药店的夜间售药小窗口买了四盒板蓝根，两盒是他儿子孙兴的，两盒是和他邻楼住的学生李晓裕的。买好药孙维刚直接去了李晓裕家，他爸爸睡眼惺忪地来开门，见是孙维刚站在门外，一下子精神了，听孙维刚说完了情况，马上返身回去，和李晓裕妈妈一起穿好衣服出来了。李晓裕的爸爸说："孙老师，您回家休息吧，我们去通知家里没电话的同学。"孙维刚为家长的这片赤诚所感动，但他马上说清了自己的安排，他们送他下楼后才回去。

当时，他们班还有十多个同学家里没装电话，第二天一早，孙维刚站在学校大门口，可是左等右等不见他们来，怎么回事儿呢？第一节课铃响了，该来的也应该来了，难道都病了？孙维刚害怕了，他骑车到没装电话的最近一个同学家，才知道是班里的廖东南同学在校门旁边的岔路口把来学校的同学都拦回去了。

廖东南接到郭绍汾的电话通知时，立即想到了班上还有一些同学家没有电话，不能让这些同学走进教室。于是，他早早来到学校门边的岔路口，把同学们都拦回去了。孙维刚一心为学生着想，学生也和老师、同学互相爱护，这就是孙维刚能够创造教学奇迹的原因之一。

倾注心血，德益进而业益修

孙维刚对学生的爱体现在许多细微之处，凡是学生所需的他都倾力相助。在人们把金钱看得很重时，他为了学生进步和提高学习效率几番自掏腰包，这种作法是教育者甘于奉献精神的闪光。

孙维刚所带的班将要升入高二时，一位同学的父亲来找他，要求让自己的儿子跳级到高三，因为孩子母亲退休，他所在单位不景气，家庭经济困难，希望孩子早点上大学减轻家里的经济负担。孙维刚说，您的儿子品学兼优，如果跳级，他考上好大学就不容易了。于是，他为这位学生向学校申请了奖学金。这样，不但学杂费连同以后经常要交的各种费用，就不用这位学生交了。

这件事维持了不到一学期，这位学生说什么也不要“奖学金”了，因为他知道了这不是学校的奖学金。事情的起因是孙维刚有时外出开会，有的费用收得比较急，他便让在一个班读书的他的儿子每次交两份，就说另一份是学校给这位同学的奖学金。时间久了这位同学就起了疑，这钱不是学校给的，是孙老师自己的。找相关领导一问，果然没有“奖学金”一事。孙维刚知道北京22中没有这项制度，如果他提出了这种要求，要是别的班主任也提的话，校长会非常为难。所以，他决定替他的这位学生交学杂费。

孙维刚之所以不一次给这位学生足额的“奖学金”而要一次一次地交，是因为他也不知道各科的各种费用加起来一共要多少，给少了怕不够，就不好再补了，给多了又怕令人难以置信。

《北京日报》曾对这件事做过报道，文章中转述了这位学生说的一段话：“我家里生活很艰辛，学校收各种费用时，孙老师都说我的费用全由学校报销，后来我才知道他是‘骗人’的。这些费用都是他自己出的。他去外边讲学、写书，人家给他的钱，他全花到了我们身上。他请中国科大的一些教授来北京给我们讲课，他自己承担费用。你看他自己，现在还穿着涤卡的中山装，袖口都磨破了，我们从他身上知道了该怎样做人。”

著名学者夏丏尊说：“教育上的水是什么？就是情，就是爱。教育没有了情爱，就成了无水的池，任你四方形也罢、圆形也罢，逃不出一个空虚。”

孙维刚的出发点就是尽量为学生做他能做到的所有事。

高二第二学期，这位学生家搬远了，离学校有 40 多里，每天要换几次车，来回要 4 个小时。上高三后，孙维刚就送他 3000 元让他有一段路坐出租车，以便节省时间。实际上，孙维刚是看他脸儿黄黄的，希望他补充点儿营养。几天后这位学生把钱送了回来，还有一封他父亲写的感谢信。怎么办呢？于是，孙维刚就把这笔钱亲自送到学生家里。可过了几天，他们又像上次一样还了回来，孙维刚只好不再勉强了，因为人家也是要强的人。可是孙维刚看着这位学生的生活充满艰辛，心里非常难受，高考结束后，孙维刚为他介绍了几处家教，这位学生在同学们都放松、游玩时工作，一口气挣出了自己上大学一年的费用，孙维刚的心这才稍微得到一些安慰。

这个学生后来考入清华大学电子系，入学后的水平测试中，他因成绩优异获得了清华大学的奖学金。这也使他不必做家教，能安心学习。

尊重犯错学生，长善而救其失

未成年学生做错事，许多时候不是因为本质有问题，而是某一时刻思维的“断片”所致，教师保护犯错学生的自尊心，给以适当的提醒，往往更能触动学生的心灵。

清晨，北京四中的英语教师徐正海像往常一样走进教室，看着学生们或在忙着交作业，或在打扫卫生，或在读书……作为班主任，这样的情景早已成为他工作甚至是生活中不可或缺的一部分。突然他注意到坐在第二排的男生李宁一个人坐在座位上发呆，好半天也一动不动。徐正海走了过去，问他是否不舒服，李宁摇了摇头，没吱声。徐正海又问他是否有什么难办的事，他看了老师一眼，支吾着说：“没事。”但是徐正海从他躲闪的眼神中读出了他的言不由衷。于是就将他请到办公室以便了解详细情况。在徐正海的再三追问下，李宁终于道出了事情的原委：原来他昨天从家里带了 1000 元钱订校服，钱就放在教室的书包里，等他去拿钱上交时却发现夹在书中的钱不见了。一开始他还以为同学在跟他开玩笑，可是问过周围好几个同学，大家都说没有拿，这时他才慌近代教育家陶行知说："教育是心心相印的活动。唯独从心里发出来的，才能达到心灵的深处。"

了神。昨天放学回家没敢告诉父母，因为爸爸是开出租车的，这次给他拿这么一大笔钱去订校服也是下了很大决心的，李宁知道告诉爸爸这件事，他会非常难过，就这样自己一直闷着。他也不敢告诉老师，怕给老师添麻烦，也怕因为这件事影响班里同学的团结，可是他自己又无法解决。

徐正海听完李宁同学的讲述之后，头皮有些发麻。以前班里也曾出现过财物失窃现象，但那都是十几块钱的，最多也没有超过百八十的，而这次却是这么多。身为班主任徐正海决定在班里悄悄地了解情况。可是了解到的情况更让他吃惊，有一名同学前些天在班里丢了自己的600元压岁钱，到现在他都没敢告诉父母，一个人每天生闷气。这位同学自己说，现在他看班里的每个同学都有嫌疑，都像拿自己的钱的人。徐正海意识到事情的严重性，因为这件事如不及时、妥善处理，不仅让受害同学对班级失去信心，也容易造成班内同学相互猜忌，造成人人自危的信任危机，最终使班级的建设和管理陷入困境。

怎么办呢？徐正海动了好多念头，其中一个办法让他怦然心动：原来近一段时间各班都有丢东西的现象发生，有几个班主任采取的办法很有效：他们利用班里的摄像头进行威慑，果然有几个同学在课后都先后偷偷地找到老师，将自己做的不正当的事都交代了。这种方法确实可行吗？徐正海思前想后，还是决定放弃这种容易让学生人人自危的想法。第二天开班会时，徐正海自掏腰包拿出1600元钱，简单地说明事情的来龙去脉后，亲手将钱送到了两位同学的手中。从同学们的眼神中他读到了意外、感动与亲切。

第二天一早，徐正海的办公桌上就出现了一张纸条，里面夹着一张100元人民币和一张1美元的纸币。大意是说，那两位同学的钱都是他拿的，已经花没了，现在只有这么点钱，其余的钱他会在以后逐一还上。还有些道歉与懊悔之类的话，语气充满了紧张与不安。还有，每个字的笔画都是用一个个小点点串起来的。末尾写道：求原谅。

徐正海手里拿着这张沉甸甸的纸条，心里百感交集。如果自己也借助班里的摄像头，事情可能会处理得更加省时、省力。但是就这件事而言，借助于科技手段有可能规范孩子们暂时的、外在的行为，但却不能够触动孩子们内心深处的灵魂，得到爱的教育——老师是爱护犯错误同学的自尊心的，让学生在感动中改正错误，会真正起到以此为鉴的效果。从此以后，班里再也没有丢钱丢物的事情发生过。

教师的爱是一种博大的爱，需要保持对学生的尊重、关心和信任，使学生真正感到来自教师那份阳光般的温暖。面对问题学生，教师把自己的心与他们的心融为一体，用真情打开他们的心窗，教育的效果要比简单的说教好上千百倍。正所谓："多情山鸟不须啼，桃李无言，下自成蹊。"对于问题学生最好的方式，就是给予他们宽容的爱和自尊心的保护。这是一种极致的爱的教育。

给学生好的暗示，必使其趋向鼓舞

教师在对学生进行一对一指导和帮助时，能恰当地运用心理学方法去鼓励学生，学生在学习上面临的困难可迎刃而解。这与苦口婆心的说教相比往往是事半功倍。

北京第四中学的赵宏伟老师，对教育心理学有很深的研究，他坚信健全的心理是青少年快速成长的根本保证。一个人在实现自己心中的目标时，心理暗示对目标能否达成具有极其重要的作用。一个人如果形成积极的心理暗示就会对自己充满信心，坚信自己的目标能够达成。一个人如果形成消极的心理暗示，就会缺乏自信，总是怀疑自己的行为能力，从而使自己离心理的目标越来越远。积极的心理暗示，往往可以使人在面对出现的种种问题、困难和挑战时，不怯懦、不后退，最终取得超乎想象的收获和成功。而消极的心理暗示，则使人犹豫不决、摇摆不定，不能专注地做事，结果也往往大打折扣，与预期相去甚远。

赵宏伟做班主任时，一个让他很难相信的事实摆在了面前：班里一直学习还不错的张梅，成绩不断下滑，已经排到了班级的尾部，情绪也越来越低沉。张梅本是一位快乐、阳光的女孩，虽然不能说是天资聪慧，但也刻苦踏实、认真勤奋，成绩虽不是班级前三甲，但也是很优秀的，但现在怎么会下滑得这么

苏联教育家苏霍姆林斯基说：“只有在自己整个教育生涯中不断地研究学生的心理，加深自己的心理学知识，才能够成为教育工作真正的能手。”

快呢？

赵宏伟下决心找到原因，帮助张梅重新回归到以前的状态。赵宏伟和张梅谈了几次话，但结果非常令他沮丧，依然没有找到导致张梅成绩下滑的主要原因。家庭没有大的变化，父母对她的关心、照顾一直都比较好。张梅个人也没有什么早恋、上网等不利于学习的事情，投入的精力似乎比以前专注了，自身的目标、期望、要求也没有丝毫的减弱。

赵宏伟百思不得其解。于是，他让张梅每天放学后到教师办公室去写作业，以进一步方便给她解答作业中的问题和寻找其中的原因。这样过了两个星期，依然没有找到原因，张梅的成绩也没有明显的进步。马上就“一模”考试了，赵宏伟和张梅都很着急，有几次张梅都急得掉了眼泪，可一点办法都没有。

为了解决张梅学习成绩没有起色的问题，赵宏伟决定去家访。一天放学后，赵宏伟和张梅一起骑车到她家去。张梅家并不远，骑车 20 多分钟的路程。一个比较小的独门小院，干净整洁，朴实温馨，典型的三口之家。通过和张梅父母交流，赵宏伟了解到的情况与张梅说的基本一致，父母都是附近一家单位的职工，日子过得知足而幸福。

就在家访要结束的时候，赵宏伟提出看一看张梅在家学习的环境——张梅的书房兼卧室。和大多数女孩子的房间一样，温暖而整洁，不大也并不显局促。但当赵宏伟看到她的书桌区域的时候，被桌子上方贴的两张考卷所吸引。一张是张梅的试卷，红色的笔清晰地、大大地书写着成绩“58 分”。另一张是班里另一位同学的试卷，红色的笔也清晰地、大大地书写着接近满分的成绩“118 分”（当时满分 120 分）。

这两张试卷掀开了赵宏伟的记忆之帘，令他猛然醒悟。两个月前的一次统练，张梅那一阶段感冒发烧还没有完全好，其间也耽误了一些课程，成绩可想而知很不理想。好强而心重的张梅没有原谅自己，不能接受这样的事实，为了励志她采取了对比的方法。这种做法在别人眼里可能是孩子懂事，不忘失败之辱的一种表现，但是在赵宏伟眼里，这是一种非常不好的心理暗示。

于是，赵宏伟让张梅将这两张试卷摘了下来，找了一张以前自己做得很理想的试卷贴在了相应的位置，并给张梅分析了这样做的原因。当你每天学习的时候，一抬起头就看见的是自己很不理想的成绩和别人优异的成绩，你肯定很难静下心来，更不能做到全身心的投入。久而久之，自信就会受到影响，产生高度的成功焦虑，甚至会怀疑自己的能力，变得自卑。这其实就是典型的不良心理暗示。在这种效应下，上课不敢积极发言，学习中不敢大胆思考，总担心自己想歪了、做错了。而积极的心理暗示能够唤醒沉睡的潜能，贴上自己理想的试卷，在内心就会形成积极的心理暗示效应：我还是很有能力和实力的。久而久之，就会形成由内而外、发自内心的助动力，甚至是一种阳光、自信、敢于挑战、敢于胜利的品质。

最后，赵宏伟进一步帮助张梅分析了她在学习上的优势，引导张梅相信自己有能力也有实力考上自己梦想中的一所大学，告诉她老师也相信她“能行”，老师看好她。同时，赵宏伟也交给她一些自我激励和进行积极心理暗示的小方法。

在后来的学习过程中，赵宏伟不断地抓住契机对她进行肯定和激励，不断强化她的自信。于是，一个正如赵宏伟所料想的、全新的张梅出现了，抬头、挺胸、自信、阳光，在课堂上积极回答问题、主动发表自己的观点，说话不再犹犹豫豫，敢于和老师、同学对视，能够用目光进行交流……

张梅的变化直接在学习成绩上表现出来了。“一模”“二模”、高考成绩节节攀升，最终考人了她梦想中的大学，学习自己喜欢的专业。读大学期间，张梅回到母校看望老师的时候，她又和赵宏伟聊起来了那次家访，她感慨地说，没有那次家访就没有现在的她。

人生旅程，峰回路转，往往缘起一种观念，一次转机。运用之妙，存乎一心。优秀的学生都有相似的共性，而当学生出现问题的时候，却各有各的不同。教书育人原本就不是抽象的、程式化的事情，而是细致、缓慢而又另见洞天的系统工程。每一个学生都是一个不同的个体，教师需要与他们交流、观察、发现、思考、分析，真正了解学生的内心世界，消除学生心中无形的羁绊，通过个性化的教育艺术让他们获得成长、成功。这样做了，教师的遗憾会越来越少，留有遗憾的学生也会越来越少。

助学生解心痛，因其所明而渐之通

学生在学习和生活中会遇到许多难以跨过的沟沟坎坎，“导师”就要在这个时候起到引导、指引的作用，为学生指点迷津，使他们克服心理障碍，从而更快地成长起来。

孟海燕是北京第四中学的化学教师，尽管不当班主任，但她是四位同学的导师。由于平常经常个别交流，很快孟海燕就和四位同学熟悉起来，建立起了很深的信任感。童晓就是孟海燕指导的一位女学生。她气质很好，学习优秀，有一个非常幸福的家庭。

在全区高三统考的日子里，下午考完试，孟海燕从外面回到办公室时，一脸悲戚的童晓已经等在门口了。孟海燕用亲切的语气问：“怎么，没考好，来哭鼻子？”孟海燕本来是想用轻松、友善的问话扭转童晓的情绪，但是显然她的话没有起到应有的作用，孟海燕意识到了问题的严重性。孟海燕低声地询问童晓到底怎么了。童晓哽咽着说，昨天得知爸爸被确诊肝癌晚期，她试图努力平静自己来参加考试，可她脑子里一片空白，她怎么也平静不下来！是啊，她要是能平静下来就怪了，那是一个怎样幸福的家啊：爸爸是某科研机构的领导，学术成就也非常高。妈妈在某外企工作，能歌善舞，和善可亲。童晓从小就不用父母操心，不仅学习成绩好，学生干部工作也做得有声有色。突然，这样一个幸福的家就要破碎了，童晓怎么面对亲爱的爸爸即将离世这个天大的不幸？孟海燕不知道该怎样劝她，只是陪着她一起默默地流泪。

两人一起哭了一会儿，孟海燕见童晓情绪相对平静了一些，开始劝导她：一次考试算不了什么，珍惜和爸爸在一起的时光，还要适当开导一下妈妈。童晓毕竟已经 18 岁了，十分懂事地点了点头。这天晚上，孟海燕和童晓聊了很久，她把在爸妈面前憋住的泪水都释放了出来。然后，她又回班上晚自习，装得若无其事的样子。

汉代学者徐干说："导人必因其性，治水必因其势，是以功无败则言无弃也。"

自然，童晓的统考成绩一落千丈。从考试完到放寒假，短短几天很快就过去了。孟海燕不放心她，但又不知道当面跟她怎样说才好。于是，放假前孟海燕给她发了这样一条短信：童晓，我很理解你的心情。当我新婚不久被告知丈夫得的可能是恶性肿瘤，当我不得不必须拿掉自己的第一个孩子，当我得知妈妈患了乳腺癌……痛哭，失望，绝望……可是我又能为你做些什么呢？真正能打倒自己的是自己啊。我们需要让即将离去的亲人感到他莫大的价值，并把他的爱永远传递……我能做到的就是心时刻与你同在！而成长是谁也代替不了的！

寒假中，孟海燕没有与童晓联系。她希望她能陪爸爸平静地度过最后的时光。

开学了，高三的下学期更加重要。孟海燕经常在放学后与童晓聊天。谈论的话题围绕着她父亲的病情和她妈妈的情况。由于童晓是一个相对理性的女孩，在班里的她，似乎一切都不露痕迹。有一天下午，童晓告诉孟海燕，她近几天整夜失眠，因为爸爸最近病情恶化了，她很怕一觉醒来，爸爸就不在了。她想回家去住，可妈妈怕影响她学习，还是坚持让她继续住校，却自己独自担起照顾爸爸的重任，这对于习惯受爸爸呵护的妈妈是多么的艰难啊。童晓不愿再给妈妈添烦恼。孟海燕思考了很久，决定给童晓妈妈打个电话。毕竟耽误一点儿学习，是可以弥补的，而当爸爸离去时不能守候在他的身旁，将是终生遗憾。更何况在这种痛苦的牵挂中，虽然童晓身在学校，心很难放在学习上。孟海燕悄悄和童晓妈妈通了电话，她的妈妈很通情达理。当天晚上，来接童晓回了家。孟海燕也算了结了童晓的一个心愿，轻轻松了口气。

第二天上午孟海燕走进教室，童晓已静静地坐在那里。孟海燕表面上正常授课，可心里窃想，童晓这么快就回来了？难道她爸爸的病情有些好转，要是这样就太好了。下课后，童晓告诉她，妈妈还是打算让她住校，不能耽误学习，毕竟只有三个月就高考了。孟海燕沉默了。她必须尊重童晓妈妈的选择，但同时有一种担忧浮上了心头。

两天后的早晨八点一刻，班里学生们都在上课。孟海燕在准备下一节课的实验。突然，手机响了，童晓妈妈泣不成声："快，快，来医院，她爸爸不行了……"孟海燕飞也似的冲到童晓教室外，跟正在上课的老师打了招呼，叫童晓出来。童晓看到她时，貌似平静地走出来，可一见到孟海燕的眼神，她立即瘫软了。孟海燕扶住她，联系了学校的车，送她到医院，嘱咐司机王师傅一定要把童晓交到她妈妈手里。可是八点多，正是北京交通堵得厉害的时候，医院又那么远，她能看到爸爸最后一眼吗？孟海燕祈祷上天善待童晓，祈求时间过得慢点儿再慢点儿，祈求汽车能快点儿再快点儿！

中午，孟海燕见到了王师傅。他说那孩子一路上都在不停地催促快点儿，再快点儿。到医院门口需要掉头停车时，她拉开车门，狂奔上过街天桥。而王师傅赶到病房时，她爸爸已经走了，永远地离开了。

不知童晓赶上了没有，孟海燕也无法问及，那似乎也不重要了。接下来几天，童晓没来上课。那个周日，孟海燕去了她家。走进客厅，一张很大的桌子上摆着鲜花和她爸爸的遗像，还摆了很多本相册，都是他们全家的照片，每一张照片上的爸爸都笑得那么开心。孟海燕忽然记起和童晓曾聊过中西方对待亲人死亡的差异，中国人更习惯于用痛苦和花圈来表现活着的人的悲伤，可西方人却聚在一起回忆离去的人带给生者的快乐。看来童晓用心思考了。

童晓似乎很平静，也许哭得已无泪水了，也许她在表现得让妈妈放心。她妈妈说着说着，泪水就止不住地流了下来。孟海燕知道这对母女内心的痛苦不是一日可以减轻的。不便久留，待了一会儿就离开了。

童晓回到学校时，袖上带着黑纱。她不住校了，和妈妈一起搬离了那座充满爸爸身影的房子，住到小姨家。这样，她每天可以陪伴妈妈，那是现在最让她不放心的人。孟海燕希望悲伤能尽快远离她们母女。

有一天，童晓来找孟海燕，她说了自爸爸离世后妈妈颓废的情形，几乎什么事情也不能做。童晓说的话强烈地撞击着孟海燕的心："老师，我还是接受不了爸爸的死亡。过去我的一切努力都为了爸爸妈妈，为了这个幸福的家，可现在，爸爸永远地走了，妈妈又痛不欲生，我不知道为什么活着，该怎么样活着？"孟海燕决定跟她的妈妈好好谈一谈。

那是一个细雨绵绵的下午，孟海燕和童晓的妈妈在星巴克咖啡屋的单间里做一次“闲聊”，童晓妈妈泪水滂沱，远远超过窗外飘零的雨滴。她想去死，她想支持到童晓高考完就去死。孟海燕知道劝阻是没用的。低沉地说：“好吧，你去死吧，童晓呢？也和你一起去死？她爸爸爱你们这么多年，希望你们这样吗？然后呢……”孟海燕和她谈了五个多小时。

孟海燕与童晓交流时，不停地强化她的担当意识，告诉她一定要让爸爸的生命在她身上延续，一定要把爸爸给她的爱传递下去。爸爸只是去了一个很远的地方。她渐渐地变得积极一点了。她的妈妈据说也为工作忙碌起来了。高考报志愿，她要留在妈妈身边。对她而言，这并不是最好的选择。孟海燕和她妈妈沟通好了，一致同意“暂时的离别是为了更好地相聚”。而她的妈妈也变得坚强了，在行动上让童晓能够相信她，如果没有女儿在身边，也会把自己照顾得很好。

高考后，童晓到法国留学了。一年后，她回母校看望孟海燕。她很坚定地说：“老师，我妈妈又找到了自我，生活得很充实。我学业很好，而且还找到了一个很爱我的男朋友。我特地当面给您说这些，就是想让您放心。我知道了该怎样活着。”

孟海燕看着童晓美丽的脸庞上淡定的微笑，也和她一起笑了。

孟海燕在引导童晓面对亲人去世的过程中，自己也思考了很多问题。她自己也曾经对死亡充满恐惧，后来在一本书中读到了这样的观点：死亡只是“天蓝色的彼岸”，离去的亲人在那儿等着我们，他们永远在我们的心里。我们肩负着传递生命的使命，更肩负着传递爱的重任。于是，孟海燕对生与死的态度变得释然了，成长为一名淡定沉稳的教师。不难想象，如果碰上教师自己都没搞清的问题，他要和学生共同面对时，接下来将是非常地忙乱并无所适从。

高中生是否有必要接受如何面对死亡的教育呢？现在的高中生，作为独生子女，多半是爷爷奶奶那一辈人带大的，而那一辈人的年龄约 70 岁，正是生命多劫难的时候；随着社会压力的增大和生活节奏的加快，他们的父母辈约 50 岁，也是突发情况易出现的年龄；由于人类生存环境的恶化，学生的同辈人也有死亡出现。还有地震、矿难、车祸的不断发生……死亡就在每个人的身边，几乎触手可及。

电影《相约星期二》中有这样的一句话，当你知道死亡是怎么一回事时，你会知道活着意味着什么。死亡会让人思考活着的意义，死亡会给生者生存的动力。孟海燕认为现在倡导的生命教育中，应该和学生探讨“如何面对死亡”的问题，这是人生中必要的一课，因为死亡和爱情一样是人类永恒的主题，只是它没有爱情昂扬，但却比爱情更具冲击心灵的力量，应该用更好的心理素质来面对。

那么，谁来承担死亡教育的角色？除了老师，还有社会和家长。如果每年清明，一家人围在一起，长辈们聊聊已经逝去的亲人，相信孩子更能直面死亡。而当亲人的死亡真正降临时，未成年的孩子会坦然很多，能够很快走出失去亲人的阴影，振作起来。

孟海燕说：“教育是缓慢的艺术，教育是拿捏尺度的艺术。教师要给自己足够的内心空间去揣摩这个问题，学生的成长永远属于他们自己，是别人无法代替的，教育的责任就是为学生提供成长的环境和必要的条件。”

孟海燕陪伴着童晓走过了高三那段艰难的日子，也曾帮助小安同学度过了她奶奶离世前最后的岁月，倾听过圆圆述说姥姥离世后长久的思念……但对于这些学生而言，孟海燕不仅是陪伴者、倾听者，还是帮助者和守望者。孟海燕的体会是，身为教师不能试图去改变成长的规律，但是可以为学生的成长提供助推力，让他们知道许多需要成年后才能弄懂的道理，以良好的心态面对生活中发生的一切，在未来的发展空间里展翅高飞。

让学生懂得选择，深思而自得其道

选择是在取与舍中寻找平衡的行为。帮助学生提高思考能力，有助于他们在一些重大事件中做出取舍，选择自己想要的目标，无怨无悔地做出努力和牺牲。

北京四中 2013 届毕业生中有个非同一般的女孩子，她名叫门娜丽莎，大家都习惯叫她小门同学。在读高中期间，小门同学曾去美国做交换生，加入了美国的一个公益组织，这个公益组织主要是为世界各国的孩子做唇腭裂手术。

这项公益活动已经持续了很多年，最初接受手术的那些孩子已经长大。小门同学认为这些孩子接受了别人的帮助，在他们有能力的时候，也应该回馈社会。为便于联系，小门同学建立一个叫作“微笑连接世界”的网站，准备把所有接受过帮助的孩子都联系起来，以便将来大家有能力的时候再继续开展这项公益活动，也使这项活动像滚雪球一样，越做越大。小门同学从美国回到北京四中后，做了一个建网站的计划，征求校长刘长铭的意见。刘长铭认为这是一个很好的创意，表示坚决支持。

2012 年 3 月，小门同学突然找到刘长铭说：“我想向您请一个长假，我在 4 月中下旬的时候，要去印度当志愿者，参加唇腭裂手术治疗行动，大约需要两周的时间。”小门同学为什么要找校长刘长铭请假呢，因为这个时候恰好是期中考试，也就是说她不能够参加期中考试了。当时刘长铭提了一些建议供她斟酌。但是小门同学主意已定，还是放弃期中考试去了印度，在手术前为患者提供志愿服务。7 月份小门同学一回到学校，就在教学楼前厅做了以这次公益活动为主题的人物摄影展，同时在学校发起了为孩子们进行募捐的活动。她在摄影展开幕时的发言中说：“如果学习是为了改变命运的话，我希望我能帮助更多的人。”我觉得这是一种情怀，摄影展照片在北京四中挂了很长时间。小门同学做志愿者的行动给广大学生增强服务社会的意识起到了示范作用，也产生了非常好的影响。

但是，按照北京四中的规定，凡是因为个人原因不能够参加正式考试的学生，一定要补考。而且补考最高成绩等级是 B。小门同学原本是全优的成绩，由于她去印度做志愿者，没有参加正式考试，而且算是由于个人的原因，不能认为是学校派出，于是在她的成绩单中别的学期的成绩都是 A，只有那次期中考试所有的科目都是 B。

2012 年 9 月小门同学升人高三后，要申请去外国的名校读书。由于有一个学期的成绩是 B，她的成绩降了一个档次。很多教师都来找校长刘长铭说情，小门同学也来找他谈这个问题，希望能修改成绩。

校长刘长铭面对了一个两难的问题：参加志愿者的活动是不是一个好活动？是一个好活动。符不符合北京四中的培养目标？符合。那该不该给她修改

苏联教育家赞可夫说：“教会学生思考，这对学生来说，是一生中最有价值的本钱。”

成绩？

经过慎重考虑，刘长铭的决定是维持学校的规定。所以在她的满篇A的成绩里面，那次考试成绩都是B。刘长铭为什么这样来决定？他找到小门同学谈了校方这么做的原因，那就是制度不可改变。并对她说，放弃考试去做志愿者是不是你自己的选择？小门同学说，是。那好，你就为自己的选择负责。

刘长铭认为，现代教育的一项重要内容，就是要教会学生学会选择。什么叫学会选择？就是学生明明知道我要失去这个了，但是我还要这么做。选择，紧紧地抓住自己认为最有价值的东西，只要敢于舍，而且为了得而舍，这才叫学会了选择。很多学生不会选择，就是因为什么都不愿意失去。如果学校决定给小门同学A，那就说明即便选择做点什么事情，还是什么亏都不能吃。永远不吃亏的人是永远学不会选择的。学生懂得了自己想要什么，而要放弃什么，这才是成熟的标志。其实生活在社会中的每个人，都不可能把所有的优势全部占有。

小门同学申请大学时，刘长铭在给她写的推荐信中，把这件事情的缘由陈述给了那所大学：“2012年3月她向我介绍她的创意公益项目，并希望我批准她在四月中旬期中测试期间，赴印度参加国际医疗队儿童唇腭裂救助活动。尽管我从来都支持学生参加公益活动，但是我不得不提醒她：一、那时候印度的一些地方正在发生严重的暴力流血事件，尸体照片在网上都可以看到。后来我让她上网查查看，如果危险的话就不要去。二、对于学生来说，期中考试也很重要。当初确实两件事我都提醒她了，她在走的前两天的晚上，给我发邮件，说她了解印度的情况，但经过慎重的考虑，最终选择参加活动。”刘长铭在信中坦率地说：“从这件事上可以看出门娜丽莎是一个敢于追求自己理想而放弃眼前利益的学生，这正是她的与众不同之处。这也是北京四中教育所追求的价值。”

北京四中负责出国留学的老师说，这个推荐信能够很好地解释她得B的原因，相信对她会有些帮助。身为北京四中校长的刘长铭从来不认为“不进某个学校一辈子就完了”，北京四中的学生也都有这样的自信。

爱始于行动，唯以成德为是

当学生的头脑里产生深重的困惑时，教师的说教有时会显得苍白无力，而最有成效的教育就是用行动来让学生重拾信心，建立新观念以实现认知上的突破。

北京四中实行导师制后，每一位学生都要选择一位教师作为自己的导师，以期在学业和生活上得到指导与帮助。新学年开始后，历史教师赵利剑得到通知：高三文科班的一位女生选择他做导师。这让赵利剑感到有点儿意外，在他的印象里，这个名叫姚丽丽的女生是一个瘦弱、沉静的女孩儿，成绩中等，平时在班里并不显山露水。在赵利剑任教的历史学科成绩也不突出，除了课堂教学，与她没有太多的接触。姚丽丽为什么选择自己做导师呢？

高三的学习生活无论对学生还是老师来说，都是非常忙碌的。身为姚丽丽的导师赵利剑还没来得及和她进行一次比较深入的谈话，对她的家庭和日常生活仍然一无所知。她的成绩依然在班里的中游，偶尔会中等偏下。姚丽丽还是那么安静，使大家在班里很难注意到她。毕竟有着导师这一层特殊关系，赵利剑有时会多观察她一下。赵利剑发现，她的眼神里除了单纯，似乎还有一点她的大多数同龄人所没有的淡淡的忧虑。只是，这忧虑从何而来，就不得而知了。也许，应该找她聊一聊了。

临近寒假时，班里进行了一次历史统练，丽丽的成绩不太好，她主动和赵利剑约时间，想让他帮她分析一下试卷。赵利剑正好想借此机会多了解一些她的情况，于是，在一个中午约姚丽丽来他的办公室。

交谈中，赵利剑发现姚丽丽真实的意图似乎并不是要谈历史学习。这次不理想的成绩，她也并不太在意，分析试卷好像只是个谈话的由头。赵利剑的判断很快被证实了。姚丽丽放下手中的试卷，直截了当地对他说："其实，我今天找您是想谈点儿别的事情。"

在高中学习阶段，学生会遇到各种来自生活上、感情上和学习上的问题，这些问题在他们以往的人生经验中，大都找寻不到现成的答案。他们往往会觉得烦恼、苦闷，甚至会产生某种和其他人的疏离感。这时的赵利剑想起了一明代思想家李贽说："动人以言者，其感不深；动人以行者，其应必速。"

位名人说过的话：在人的一生中，再也没有像青年时期那样强烈地渴望被理解的时期了。没有任何人会像青年那样沉陷于孤独之中，渴望被人接近与理解；没有任何人会像青年那样站在遥远的地方呼唤。在这种时刻，他们往往会选择倾诉。倾诉的对象可能是父母、师长、朋友……如果我被选为他们的倾诉对象，我会很高兴甚至会觉得非常荣幸。因为，这个倾听者一定是他们信任的人，是他们认为能够从他那得到理解与帮助的人，而不是板着面孔、居高临下，用可能连自己都不相信的大道理训斥人的人。

身为教师如果被学生信任，聆听学生的倾诉，既是责无旁贷的本职工作，也是学生对自己的一种认可。在赵利剑看来，教师的工作必须以了解学生为前提，而学生的倾诉恰恰是教师了解学生的最重要途径之一。作为教师，害怕的恰恰应该是学生的自我封闭。更何况，高三是学生高中生活中最特殊的一个阶段。为了应对高考，原本丰富多彩的各种课外社团文体活动渐渐淡出学生的日常生活，与其他年级相比，高三学生可用来排遣烦恼的途径要少得多。而日复一日、月复一月的课上听讲、课下做练习的枯燥与乏味，必然会不断折磨学生并不算很坚强的神经。于是，一些在其他年级不是问题的问题，在高三都会冒出来。特别要注意的是，读高三的学生正处于自我意识最强、思维最活跃的时期，他们与别人的交流，既可能是有深度和高质量的，也有可能因话不投机而导致永远关闭心灵交流的通道。

赵利剑对姚丽丽说："你说吧，只要你想说的，我都愿意听，没准儿我还能给你出出主意。"姚丽丽听了他的话神情快活起来，用很清晰、流畅的语言，开始了诉说。大约半小时以后，姚丽丽已经因为激动而面色微红，说话的语调也高了不少，语速也快了些。而赵利剑的第一反应则是，这个女孩子挺不容易的。

姚丽丽来自外地，家境不错。母亲是个非常要强的现代女性，在她读初中时，母亲考上了北京一所大学的研究生，便带着她到北京来生活。两地分居让原本很好的夫妻关系也出现了些问题。这些，都被原本就很敏感的姚丽丽察觉到了。但她对父母的事情无能为力，只好努力学习，免得他们再为自己操心。然而，全新的学习和生活环境，不一样的教学进度和陌生的同学群体，这一切都需要她付出时间与精力去适应。糟糕的是，她所在的班级的班主任是个很不称职的人。

这位班主任是姚丽丽所在初中的一位青年教师，对考试分数有着近似狂热的追求，最令人不能容忍的是：他对学生缺乏起码的尊重，经常用尖酸刻薄甚至可称为刻毒的语言去挖苦学生。姚丽丽是个很瘦弱的女生，还有青春期学生常见的贫血症，因此，体育考试便成为一道难关。在她几次成绩不理想之后，这位班主任竟然对她说：你去想办法办一个残疾证，中考就可以免试，以后也就不用为体育烦恼了。

听姚丽丽讲到这里，赵利剑几乎要愤怒了。教师的职业操守在心里沸腾："教师的教学水平有高低，教学能力有强弱，这原本是非常正常的事情。作为班主任，首先必须认识到自己所从事的工作，面对的是一个个有血有肉、有感情、有理性的生命个体，而不是冰冷的机器和千篇一律、规格统一的产品。你是人，你的学生也是人，人和人之间难道不需要互相尊重吗？又有哪个学生会喜欢那些动辄辱没学生的老师？为什么当年的学生变成老师后要对自己的学生如法炮制呢？难道不懂得'己所不欲，勿施于人'的道理？抑或是当年的辱没造成了心理疾患，在今天的学生身上发作出来？如果这些假设成立，难道不是一种令人悲哀的恶性循环吗？今天你给学生造成的心灵创伤，将来又会以怎样的方式发作呢？"这时赵利剑想起了一位前辈说过的话："医生和教师是社会上的两种高危职业，因为前者关乎人的生命，后者关乎人的精神与灵魂，因此医生和教师一旦犯了错误，其后果是不堪设想的，也是无法弥补的。"

让赵利剑没想到的是，面前这个文弱的女生，却有着一股顽强的韧劲，来自教师的负面因素并未让她自怨自艾，萎靡不振，反而激发了她的潜能和斗志。她不仅顺利地通过了体育中考，还以优异的成绩考入了北京四中，实在令人刮目相看！

如此看来，姚丽丽来北京后的发展并不顺利，那么在高三这一年里，她碰到了什么新问题了吗？

姚丽丽进入高中以后，父母的关系并没有明显改善。这无疑给她造成了很大的心理压力，这很让身为导师的赵利剑担心。经验表明，健康、完整、正常的家庭对于一个孩子的成长非常重要。高考日益临近，学生们都在不由自主地憧憬着未来。姚丽丽很想去南方的一所大学。那是一所有着悠久历史和秀美风光的高等学府，被誉为中国最美丽的大学。可是她很犹豫，因为如果她去了那里，北京就只有她母亲一个人生活，她放心不下。她和母亲说想留在北京照顾她，可她母亲不同意，还是让她以自己的理想为主。这番对话让赵利剑很感动：未成年的女儿为了自己的母亲考虑改变自己的志愿；而母亲依然愿意承担一切重担而鼓励自己的女儿追求梦想。这份母女深情，可以说在独生子女中还是比较少见的。

报考哪一所大学，毕竟是一件需要慎重考虑的事情，而时间不等人。在犹豫与焦虑中，姚丽丽的成绩起起伏伏，很不稳定。更让赵利剑为这位女学生担忧的是，在临近高考时又遇到了两件给她造成猛烈刺激的事。第一件事是，她一个人乘坐地铁时，被一个劫匪抢走了她的平板电脑。尽管她报了警，也未能追回。赵利剑问道："那部 iPad Mini 很重要吧？"姚丽丽点头说："是父亲送给我的生日礼物。"就在姚丽丽为失去爸爸的礼物心痛时，又目睹了触目惊心的一幕：她放学回家时，见到楼前围着很多人。原来，一个邻居跳楼自杀了，尸体刚刚被抬走。让她不能接受的不仅仅是一条鲜活生命的消失，还有围观者的态度。他们非但没有为逝者痛惜，反而像节日般兴奋，就像讨论一场精彩的演出一样，津津乐道于每一个细节，甚至有迟来者因为自己错过了"好戏"而遗憾不已。鲁迅先生在文章中大张挞伐的"看客心态"，历经近一个世纪，非但没有改善，反而变本加厉。姚丽丽讲述完自己的感受，带着幽怨的眼神问导师赵利剑："您说这人怎么都这样啊？人心是不是都如此冷漠，只不过以前我不知道啊？"

在丽丽说出这两件事之前，赵利剑仅仅是带着同情心在倾听。当她问出这句话时，赵利剑突然意识到：这或许是姚丽丽今天来找他谈话的真正原因，也是问题的关键所在——这一系列的遭遇让她对人、对人性开始产生了怀疑。

赵利剑认真分析了姚丽丽来北京后的生活，觉得她是个坚强的女孩子。既然能从初中的逆境中挣扎出来考入北京四中，眼前不理想的成绩也不会成为她焦虑的原因，至少不是主要原因。然而，赵利剑有着多年的教学经验，知道能够顺利考入北京四中的学生也有一些常见的弱点。他们大都生长在一个较为优裕的环境中，无论是小学还是初中，基本上是在众多同龄人艳羡的目光中走了过来。因为一直被家长和学校视为佼佼者，他们应对挫折的能力往往比一般的学生要差。最重要的一点是，他们的经历简单，对社会、对人和人性缺乏了解。在他们的心中，并没有“坏人”“恶人”的概念。他们甚至会认为世界上所有的人，至少是大多数人都会像他们的家人那样爱护他们。而一旦遇到社会上那些真实而又不那么美好的事情，他们首先会震惊地发问：社会怎么会这样？人怎么可以这样？继而会因为自己的经历中并没有储存相应的应对经验而茫然无措。赵利剑想到这里，忽然认识到，这可能是所有思想单纯的孩子在步入复杂的社会时必须要交的学费。

想到这里赵利剑给自己出了一道题：应该为姚丽丽做些什么？

姚丽丽现在需要获得的帮助，是实实在在的行动而不是语言。让她对人和人性产生怀疑的是劫匪和那些看客的行为。因此，作为导师自己也应该用行动帮她重新建立起对人和人性的信心。经过片刻的思考，赵利剑已经知道自己该做些什么了。这时，正好上课时间将到，赵利剑便对姚丽丽说：“今天没时间了，你先回去上课，明天中午你再来找我，咱俩好好聊聊。”姚丽丽点头离开了。

这天赵利剑下班回家时，在一个购物中心买了一部 iPad Mini。第二天中午，姚丽丽如约而至。赵利剑首先认真地帮她分析了目前的历史学科学习状况，并提出了改进意见。姚丽丽听得很认真，情绪也比昨天平复了很多。在谈话即将结束的时候，赵利剑拿出了新买的 iPad Mini 说：“这个，就算是我送给你的新年礼物吧。”

姚丽丽非常惊讶，也很感动，连忙说：“这礼物太贵重了，我不能收。”赵利剑说：“不贵重，这礼物我送得起。没有别的意思，只是想到你原来那部丢失了会很不习惯，所以帮你补买一个。谁让我是你的导师呢？只是以后注意，一个人走路的时候别光顾着听音乐，也要注意观察周围，那些劫匪就专门抢你们这些少不更事的女学生。”

赵利剑好说歹说，姚丽丽才收下了那部播放器。当天下午，她给赵利剑发短信说：“这部 iPad Mini 就算我借您的，高考后我还给您，还有大学录取通知书。”看了这条短信，赵利剑很高兴，知道自己的努力有了效果，就回复她：“不用还，你把录取通知书给我看看就行了。”过了一会儿姚丽丽回复：“真感动，好像父爱一样。”赵利剑说：“我代替不了你父亲，只是做一个导师该做的事。”

此后的一个学期，就在平静与忙碌中度过了。高考来临，到送考的那天，赵利剑特意选择了姚丽丽所在的考点。对她的考试成绩，赵利剑并不担心，只是想看看她的情绪。他发现，她的表情和眼神都很平静，甚至带有几分期待。在姚丽丽的请求下，每个送考老师都给了她一个大大的拥抱。她带着微笑走进了考场。

高考发榜，她果然被心仪的那所大学录取了。她第一时间告诉了赵利剑。然而，最让这位导师高兴的是，不久后姚丽丽告诉他另一个好消息：为了庆祝她高考成功，他们决定一家三口外出旅游。赵利剑回复说：“真为你高兴！好好享受和家人在一起的时光吧。”

进入大学后，每逢寒暑假，姚丽丽都要回母校来看导师赵利剑，还给他带来一些小礼物。彼此还互加了微信好友，看着姚丽丽在微信上“晒”快乐的大学生活，“晒”她其乐融融的家庭，赵利剑发自内心地为她高兴，也作出了这样的假设，如果将来姚丽丽在人生道路上碰到各种难题，随着人生阅历的增加和亲友圈子的扩大，那些难题都可以得到解决。而在她涉世未深的 18 岁那年，当她勇敢地面对一些挑战的时候，自己作为一个教师，尽到了应尽的职责，帮了她一臂之力。

这时赵利剑想起了范梅南的一句话：“教育学就是迷恋他人成长的学问。”想到这一点赵利剑禁不住内心升起一股喜悦之情，自语道：“到底该如何定义教师和教育的意义呢？教师面对的是一个个鲜活的、有血有肉的、正在形成自己独立人格的生命，教师工作的意义就在于，这些生命的成长过程中及其独立人格的形成过程中，教师发挥作用与否以及发挥了怎样的作用。归根结底，教育是‘人’事，即教师来帮助学生成长的事。这个事说小像芝麻那么小、说大有天那么大。”

夜幕降临，赵利剑仍然在办公室的窗前沉思着，他对自己说：“要用行动使教育做到尽善尽美。”

“借 1 分”给学生，则其进自不能已

分数是衡量学生成绩的标尺，讲分数几乎是教师上课时的口头禅。而优秀的教师会把分数作为鼓励学生的“助燃剂”，将其应有的作用发挥到最好。

傍晚时分，校园里的静校铃已经响过，北京159中学的教师吴军离开之前，决定到班里去看看玻璃窗是否已经关好。当他推开教室的门以后，看到一个女学生趴在桌子上，还没有动身回家。吴军便走上前去关切地问道：“你怎么还没回家？遇到什么不开心的事了吗？”这个女学生一听老师的询问，便抹起眼泪来了，哽咽着说：“你们老师为什么这么吝惜分数？这次期中考试，我有三科都得了 59 分，没有一个老师愿意给我提 1 分……”说完，她哭得更厉害了。她的话引起了吴老师的沉思和自责，因为自己就是那三个老师中的一个，这样与学生“分分”计较，是激发学生的学习热情，还是让学生萎靡不振？这真是个要认真思考的问题。

“老师，我非常想得到这 1 分，因为它是及格与不及格的分界线。”吴老师见她说得如此恳切，借机说出了一句非常能体现教育智慧的话：“我借你 1 分，期末还 10 分怎么样？”吴军的话使这个女学生破涕而笑，她马上点头说：“老师，我愿意。”吴军拿起笔把成绩改为了 60 分。他望着学生还挂着泪珠的笑脸，心里却是又高兴又酸涩。

1 分在教师的笔下，分量没有多重，但是在学生的心里，1 分却有千金重。吴军想到了曾经读到过的一则日本的教育故事。

在学期结束的最后一堂课上，教授走到雄一的身边告诉他：“雄一，你这学期很认真恭喜你得到了 100 分，我把这张纸条送给你。”教授说完就离开了教室，雄一很好奇地打开了纸条，里面一一写着这门课程不同内容的测验分数，他惊讶地发现，总分加起来竟然是 101 分。在这张纸条上，教授还用工整的笔

美国著名心理学家威廉·詹姆士说：“人类本质中最殷切的需求是渴望被肯定。”

迹写着：“雄一，你上课认真听讲，课后主动研探，这门课程成绩优异，你的总分是101分。但是学校成绩系统最高分是100分，所以我只能给你100分，很抱歉。”

后来雄一成为了一名教师，但是他一直把这件事记在心里，而且始终保留着那张让他又惊又喜的纸条。多出1分，可以让一个学生铭记一辈子，这就是分数在学生心里的分量。

考试作为目前选拔人才和检查知识掌握情况的常用手段，有着不同的目的。选拔性考试，分数面前人人平等，1分也不能错；检查性考试则是一种督促、鼓励学生努力的方法，只要能达到这个目的，分数并不是多么重要，而知识的掌握情况才是最重要的。这1分的关键不在于是否是及格的分界线，而是给了学生一个机会，在学习上不断进步的机会。

当学生要在考试成绩中借1分给自己时，吴军答应了，并要求期末多还10分。这项交易尽管有些像“放高利贷”，但还是让学生破涕为笑，说明学生有希望让自己通过努力学习取得更好的成绩。

对于在知识海洋翱翔的学生来说，自信心如同一对翅膀，能让他飞得更高更快，如果没有这对翅膀，他将永远在地面上徘徊不前，看不到前方亮丽的风景。教师为学生树立自信、自强不息的观念，就等于给了他们这对翅膀，让他们在飞行中体验生命的茁壮和饱满。但是自信心的树立，同样需要教师用语言去激励，而这种语言激励的精妙之处，体现在敏锐地捕捉具有教育价值的细节上；体现在学生的心理发生微妙变化的瞬间。

英国教育学家欧文说过：“宽容、理解是一切精神中最伟大的。”教师以宽容的心态去相信学生，理解学生，尊重学生，努力为学生创造一个宽松、和谐的教育情境，才能真正激发学生的创造力，教育也会变得充满人情、人性和人道。

无论是在应试教育还是素质教育中，评价学生学习成绩的分数，在学生的心目中都是最重要的；而考试的分数，无论是对成绩优秀的学生还是对成绩稍差的学生都有着不可估量的激励作用。有位读高中的女孩子，学习成绩在班级排在前三名，但是有一次考试总成绩落在了第五名，她两个月里不逛街、不参加任何娱乐活动，放学回家后就待在房间里复习功课，直到在下一次考试中得了班级的第一名，她的脸上才露出了满意的微笑。

“分，分，学生的命根”，这是学生的口头禅。多一分，少一分都牵动着学生敏感的神经，失望、希望，会在一分之差时发生逆转，作为教师不仅要公正评分，更要知道分数对学生的激励作用。吴军老师借给学生1分，让那个女学生感到满足时内心里充满了希望。而那位叫雄一的学生因多得了1分，把成绩条一直保留了数十年，对教他的教授怀有终生难忘的感激之情。

评分不仅代表学生努力的成果，也代表着教师对学生的判断，属于教师个人心理运作的一部分，有时带有个人的主观意念，旁人很难精确地知道教师如何给分。这时教师在公正、公平地评分时，就要注意分数对学生产生的激励作用，使用好“多一分”“少一分”的艺术。当教师面对考卷大笔一挥时，想象如何让学生露出笑脸，如何让他们对未来的学习充满信心，你写下的分数就有了字面以外的更深远的意义。

第二章

重视引导，学生厚积薄发

小帝企鹅出生一个月后，家长为了让它们学会外出觅食，开始加强技能教育，父母把小企鹅委托给邻居照管。这样，由一只或几只成年帝企鹅呵护、教育，一大群小帝企鹅的“学校”就形成了。小帝企鹅在集体环境中不断成长、健壮，长大成年后它们成群结队地游向大海。

帝企鹅的教育方式与我们人类非常相似，帝企鹅的成长历程需要成年帝企鹅付出智慧和爱心，一如我们人类的教师对后代呕心沥血，最终将孩子抚育长大成年，把拥有才华的年青一代送入社会，开始搏击人生的风雨。帝企鹅给我们人类的启示是：竭尽精诚之心去培养后代。

为学生定调，教之以事而喻诸德

德育和智育对青少年的成长有相辅相成的作用。远大的理想和抱负将产生刻苦学习的强大动力，反过来智力素质的提高会使学生的目光看得更远，会帮助他们树立正确的人生观，在生命里形成持久向上的意志力。

王一在读小学五年级的时候，被老师推荐到孙维刚老师的数学班听课。第一堂课王一就被孙维刚老师所讲的内容深深地吸引了，他和蔼的笑容，敏捷的思维以及流畅的言语，都给王一这个孩子一种新奇的感觉。更让他感动的是，孙维刚老师对学生就像对待自己的孩子一样。听了这堂课，王一便十分渴望加入他的实验班，原因很简单，世上竟然有这么好的老师——态度和蔼亲切，课又讲得精彩感人。

两年后，王一的愿望成为现实，他进入了北京22中初一（1）班就读。刚一入学，孙维刚老师就提出了建班原则：一、诚实、正派、正直；二、树立远大的理想和宏伟抱负；三、做有丰富感情的人，要因为自己来到这世界上，而使别人生活得更幸福些。当时王一的身体似乎被注入了强大的力量，心潮起伏、激情澎湃，内心受到了巨大的鼓舞。以前从没有别的老师像孙维刚老师那样如此明晰对他讲应当做一个什么样的人，至少没有如此剧烈地引发他对人生进行思考。孙维刚老师点燃了他的激情，照亮了他的人生道路。当时的他虽然心底还有一些困惑，但毕竟知道自己的方向了，要因为自己来到这个世界上而使别人生活得更幸福些，这是一个多么美好的境界啊。在王一幼小的心灵中，孙老师埋下了一颗善良、向上的种子。

王一深深受益于孙维刚老师的教育。有一次家长会后，孙维刚老师让同学们挽着父母的手回家。这使他深切地体验到了，作为孩子同样要理解父母、关爱父母，要与父辈、祖辈之间消除代沟，和家人进行很好的交流与沟通，不要整天抱怨父母不理解自己。

孙维刚老师以自身的行为深深地感染着他的学生们。刚刚接手第三轮实验班时，他已经身患膀胱癌，面对着病痛的折磨，他的坚强与乐观令学生们折服。他顽强地与病魔抗争，在手术后又全身心地投入到工作中，似乎什么事都

近代教育家陶行知说："因为道德是做人的根本。根本一坏，纵然使你有一些学问和本领，也无甚用处。"

没有发生过一样。从他的病情考虑，医生规定他每天骑车不能超过15分钟，但孙维刚每天上下班就要骑车近一个小时；这还没有算上他为学生骑车四处奔波，蹬着车去开会，去奥校讲课，去火车站迎接载誉归来的阎珺，蹬着自行车送考上大学的学生到北大、清华等高校报到。

曾有人问王一："你从孙老师身上学到的是什么？"他说："我学到了很多，而最重要的东西，就是他那种无私奉献的精神。我所学到的不仅限于中学时期，因为在清华大学的这两年生活中，孙老师仍然给了我极大的关怀。每次在电话中或我们班聚会时，听他讲话，我都能学到很多东西。比如孙老师在去年了解到了大学中普遍的学习方式之后，专门对我的学习方法提出了看法和建议，这对我的促进很大。又如得知我在宿舍里睡上铺，特意打电话让我注意千万不要从上面摔下来。这种无微不至的关怀，不仅令我感动，就连我的室友也说，你有这么一位好老师，真是幸运。"

孙维刚在学生犯了错误时，只要是学生自己主动承认就不再批评，反而表扬他的诚实，这件事对王一也产生了很大的影响。他读大一时，体育老师把他的长跑成绩由85分错记成95分，他主动提出并进行了更正，有的同学笑他傻，但他却毫不在意，反而体味到了诚实的快乐。

孙维刚教育学生要树立远大的理想，要有宏伟的抱负，为社会做贡献，为人民谋幸福。他的话一直激励着王一，促使他不断上进。王一在清华大学学习的经济学专业，他一直把它当作经世济民之学，决心努力把它学好，将来争取为祖国的经济发展尽自己的一份力量。

《资治通鉴》里有这样一段话："是故德才全尽谓之圣人，德才兼无谓之愚人，德胜才谓之君子，才胜德谓之小人。凡取人之术，若无圣人君子而予之，宁予愚人，勿予小人。何则，君子挟才以为善，小人挟才以为恶。"王一对这段话有着深刻的理解，因为孙维刚曾对他们说："德育是智育的基础，我们现在学习科学文化知识和能力，为的是将来能为社会做出较大的贡献，为人民谋幸福。如果利用自己的知识和能力，作为向人民讨价还价的资本，只顾自己，不管他人，更而甚之，危害社会。这时，智育再成功，也是毫无价值的。”

王一这样总结说：“孙老师首先教我们做人，再教我们做一个有用的人。也许更多的人只知道孙老师书教得好，但不知道孙老师将更多的心血花在了指引学生的人生方向、完善学生的健康人格上。正如他自己所说的：‘我要为祖国炼出一炉好钢。’”

教师深度影响，学生日久自芬芳

张悦是孙维刚第三轮实验班的学生。由于从小体弱多病，性格比较内向。读小学的时候，他没有当过任何班干部，学习成绩一直处于中上等。上课时张悦极少主动举手发言，胆子特别小，也不爱与人交往，甚至不敢打电话，不敢买东西，不敢问路，这样的一个女孩子将来如何面对一个充满竞争的社会？张悦的母亲和亲属都替她发愁。

张悦的小学老师推荐她去东城区小学奥林匹克数学学校学习，她有幸听到了孙维刚讲的数学课，从此回家后与父母讨论数学题成为一家人重要的生活内容。从那时起，张悦对孙维刚的钦佩之情就溢于言表。

张悦升入初一时，正式成为孙维刚的学生。从读初一时开始到高三毕业考入北京大学，她的每一次进步都与孙维刚的正确引导息息相关。

张悦的父母与其他孩子父母一样，希望女儿有很好的学习成绩，可又怕她累坏了身体。眼见许多中学生每天深夜才能睡觉，就很为她担心。可是上了初中以后，父母发现女儿的学习负担并不重，晚上很少超过 10 点睡觉。她爱看课外书，在家做作业的时间短，看课外书的时间长。她在班里成绩虽然中等，但与她自己的过去比，确实有了进步，而且正在稳步提高。张悦的母亲称赞说：“不高明的老师累学生，高明的老师累自己。孙老师教的不仅仅是精湛的知识，还有巧妙的学习方法，学生提高了学习能力，聪明起来了，当然学习就不累了。”

升入初中不久，张悦的性格就发生了改变，逐渐爱说话了，说话的水平也越来越高，有同学问她一些数理化方面的难题，她都百答不烦，并且讲得头头

美国教育家哈钦斯说：“教育的目的在于让青年人做好准备在一生中教育自己。”

是道，家长惊异她的表达能力，张悦说：“听孙老师讲课，常有眼前一亮、茅塞顿开的感觉。我把他的话都记住了，然后讲给同学们。”

孙维刚以潜移默化的方式影响着他的学生们。他的一位同事这样评价道：“他在教育实践中用自己的高尚的思想品德熏陶感染学生的思想品德，用自己的智慧启迪学生的智慧，用自己的人格影响学生的人格，用自己的灵魂塑造学生的灵魂。他教给学生一种无法物化在书本上的人生智慧，使学生得到一种心灵的彻悟。他的学生一旦形成了孙老师和他自己用全部身心滋养出来的人生智慧，其对学问和人生就有一种全新的感受和深层的把握，使学生的心灵境界得到升华。”

张悦在孙老师的影响下，逐渐形成了奉献社会的价值观。1994 年，通过希望工程，她结识了两个家庭贫寒的小姑娘。从此，她把这两个小姑娘看成自己的妹妹。每年春节，都将得到的几百元压岁钱，寄给这两个小妹妹，并把自己喜欢的课外书、数学参考书也寄给她们。她还邀请两个小姑娘到自己家里来，三个女孩建立起了深厚的感情。

孙维刚教育学生做有丰富感情的人，他的班集体充满了友爱和互助。班里像张悦这样支援希望工程的学生还有好几个，孙维刚本人也有手拉手的对子。

孙维刚不提倡学生在吃饭、睡觉的时候还学习，因为那样会养成精力不集中的习惯，反而影响了课堂学习，得到的是事倍功半的效果。孙维刚也不提倡“困难面前不低头，难题面前不退让”的做法，如果一道难题久攻不克，休息一会儿，在生理、心理上来一次缓冲，有利于换个角度思考。他的这些倡导对张悦而言受益匪浅，因为体质弱，如果硬拼不仅身体状况得不到改善，还要影响学习成绩。正是孙维刚在教学中张弛有度的方法，使张悦的身体越来越强壮，成绩也得以步步走高。

高三时，张悦担任班级的学习委员，那正是学习最紧张的时候，订购各科练习试卷，计算各种考试成绩，她做起来都极认真，从没有出过差错。考上北京大学后，张悦又担任班里的生活委员，同学们都说她干得很好，认真负责，不怕麻烦，对看似琐碎的工作满腔热情。这为她将来走向社会、独立工作打下了良好的基础。

张悦的人生理想是，学好知识、报效祖国，如果能为祖国的科学事业做一点贡献，再苦再累也值得。当有人问她是不是想挣很多的钱时，她说："有钱当然好，但是我最看重的是能干出成绩，实现自己的人生价值。凭孙维刚老师的聪明才智和那样大的名气，他能挣到很多的钱，可是他却甘心为自己的学生呕心沥血，连得了癌症住院还时刻挂念着我们。孙老师不是个有钱人，但是生活得很幸福。"

榜样的力量是无穷的，孙维刚用辛勤的工作和伟大的人格，为学生们树立了榜样。有位考上清华大学的学生这样评价说："孙老师每天早晨到教室打扫卫生，带动了同学们热爱劳动；孙老师每天上下班都和看门的老大爷打招呼，影响着同学们具有良好的修养；孙老师迟到了要向学生检讨甚至到教室外面罚站，让同学们更加严守纪律；孙老师一年四季仅仅两套旧外衣，同学们怎么会不艰苦朴素……"

孙维刚的品格对学生有多么大的影响，在张悦身上就有明显的体现。作为独生子女，张悦生活极俭朴，几乎没有花过零钱，衣服破了，让妈妈缝上再穿，亲戚给的旧衣服，凡是能穿的她都穿，从来不嫌弃。即便是在北大读书，一个月的伙食费还不到300元。家长让她多吃些好的，她说比起身边家境贫寒的同学，已经很好了。

孙维刚不仅教出了学习成绩优秀的学生，更塑造了他们积极向上、艰苦朴素的品格。庄子说："朴素而天下莫能与之争美。"孙维刚用自己的心灵把这种极致的美传给了他的每一个学生。

"学困生"入局，教者开之使其明

北京四中的数学教师黄炜，担任初二（3）班的班主任。接班伊始，因为学校要搞活动，需要将全班学生分成6组，每组六七名学生，于是他通知大家，让他们自由组合成组。结果班长在交给他的分组名单时说，有三个同学没有组，他们只能自己凑一个组。黄炜很惊讶，已经是一年的同班同学了，为什么

德国教育家巴特尔说："教师的爱是滴滴甘露，即使枯萎的心灵也能苏醒；教师的爱是融融春风，即使冰冻了的感情也会消融。"

他们的人缘会这么差？于是黄炜向班长详细了解了情况。原来这三名学生的学习成绩始终处于全班倒数的三名，他们由于学习基础薄弱，平时班里的同学谁都不愿意与他们交往，他们自己也非常缺乏自信，以往需要分组时，大都是老师硬性分配进各小组里去的。

听完班长的介绍，班主任黄炜意识到了问题的严重，决定当天就要解决这个问题。放学后他临时召开了一个班会，题目就是"不能允许任何人出局"。为了保护好这三个孩子，开会前，黄炜请语文老师以给他们讲作业中的问题为由，请他们去了办公室。

班会开始后，黄炜跟同学们分享了自己知道这件事时的心情，他告诉同学们："作为班主任，我知道大家的成绩总是有高有低，将来中考肯定也是会考到不同的学校，但我总是觉得，能够在北京四中的同一个班级里学习，这真是莫大的缘分。这一千多个日日夜夜，需要我们去共同摸爬滚打，在成长的道路上彼此相伴，将来等你们长大成人的时候，相信你们一定会想起各自的好。作为你们的班主任老师，我希望看到大家是一个优秀的团队，成为一个充满着人情味的集体。无论哪个同学的成绩怎样，他都是我们当中不能缺少的一员，我们班是四十五人，不能允许任何人出局……"

同学们静静地听着，从他们的眼神中黄炜慢慢看到了改变。从此以后，大家开始试着接纳这三个孩子。在调换座位时，还有不少同学主动要与他们同桌，帮助他们学习。而他们也在集体中逐渐找到了自己的位置，一名同学担任了电教委员，天天为大家服务，还有一名同学，主动承担起每周为大家发报纸的工作。经过了这个不同寻常的班会后，班级的学习气氛更加融洽了，同学之间的矛盾也少了很多。

黄炜认为，读初中的学生心灵都非常单纯，他们的头脑里没有很多世俗观念，做事往往仅凭直觉，只要老师心平气和地讲出他们还不知道的道理、经验或是感受，他们很快便能接受。这就是他凭班会总结出来的好经验。

泪水化为呼唤，心有灵犀一点通

北京四中国际部的中文教师张琴，是个对学生要求很严格的女教师。由于留学生的中文水平比较低，为了能使他们进步得更快，她在布置课内作业的基础上，经常给他们布置课外作业，这些作业主要包括三个方面的内容：一、每周给学生布置写一篇随笔；二、发给学生一篇文章，让他们摘抄好词、好句；三、要完成文章后面留给学生的思考题。但是，有些学习不刻苦的留学生，对这些内容颇有微词。最糟糕的事情是，有一天周一早晨收作业时，张琴发现全班学生几乎都没做。这下子可把她气坏了。问原因时，学生都说作业太多，甚至还有人大声质问她为什么要留这么多作业。

张琴强压住怒火，心平气和地说："学习中文是一个慢慢积累的过程，要想把中文学好，需要多做、多记、多练，仅仅满足于课堂学习，不可能考上理想的大学。老师精心选文章发给你们读，你们做完思考题后，老师还要认真判卷、讲解，老师也很辛苦。老师之所以这样做，是想让你们的留学生活不荒废时光，是想尽快地提高你们的中文水平，也是为了对得起花很多钱将你们送到中国来留学的父母。相信你们的父母不希望你们来中国每天什么都不学，都希望你们能考上中国的名牌大学。老师如果不这么做，可能会更轻松，可是那样我觉得对不起你们的父母，也对不起你们……"学生的不理解，学生的不努力，自己付出的辛苦，自己平时对他们的关爱，种种情感交织在一起，说着说着张琴竟然哭了起来，最后哽咽着说不出话来了……

这是张琴平生第一次在课堂上流眼泪，心里窝着一种爱之深、痛之切的情感。留学生们被这种情形惊住了，教室里安静得没有一点儿声音。这些学生从没有看到过老师流泪，而且是为他们的错误而流泪。张琴这时因没有控制住自己的情绪有些后悔，也有些难为情。她不敢看学生们的眼睛，自己默默地走出了教室。

张琴回到办公室还是有些懊恼，又觉得有些羞愧，觉得一个老师在学生面前掉眼泪，真是太失态，也有失教师的尊严。她心想，自己在学生面前稀里哗啦地流眼泪，他们会不会觉得老师太软弱，今后还怎么对他们提要求？第二美国科学家爱因斯坦说："情感和愿望是人类一切努力和创造背后的动力。"

天，张琴怀着忐忑的心情走进教室，还是有些难为情，仍不敢看学生们的眼睛，径直走到了讲台前。出现在眼前的却是令她吃惊的一幕：昨天没有完成的三项作业，整整齐齐地摆在讲台上。她数了数，一本不少，再打开来翻看，发现每个人都写得整整齐齐，认真的程度前所未有。张琴一阵欣喜，抬起头来，看到学生一个个正满含期待地看着她。"你们的作业写得真好。"张琴笑了，学生们也笑了。

此后，每天早读前，张琴一走进班里，讲台上总是整整齐齐地放着一摞交上来的作业，不管她留的是否多，是否难，学生们再也没有抱怨过，每个人都尽全力认真地完成作业。张琴也总是认真地批改、讲评。眼见学生们的中文越来越好，越来越有进步，学习也越来越努力，她由衷地高兴。

有学生在作文中写下这件事，给张琴带来了很大的震动和感触。作文中有这样一段："老师的眼泪让我看出了她对学生的疼爱、慷慨的给予；老师的眼泪让我看到了她对学生的真心。她是一个对学生特有热情，真正为了学生而教的老师。我要努力学习，一步一步表现我对她的真心。"

教育的最高境界是唤醒学生的心灵。张琴的眼泪是爱学生的真情流露，而这种发自内心的真情，唤醒了一颗颗贪玩、散漫的心灵，让他们懂得了感恩。这种真情的流露比说教、训斥、惩罚更能打动学生，更有教育效果。

在中国的传统教育理念中，教师要强势，要有权威，要表现得有尊严。而哭泣是软弱的行为，一个在学生面前哭泣的老师，是不能让学生信服的。事实并非如此，教师饱含真情的眼泪，更是一种呼唤和感召，更能激发学生上进的信心和力量。

心理疏导，欲致鱼者先通水

北京四中的物理教师王军，在 2008 ~ 2009 学年担任班主任时，用心理学技巧调整了一位女同学的心态，并取得了成功。当时王军的班里有一位叫佳佳的女同学，很有艺术天赋，设计的板报经常赢得同学们的赞美。佳佳人缘好，也不会乱发小女孩脾气，是班级里的快乐天使。她的问题是，学习很用功却总也考不出好成绩。王军帮她分析原因时，她也能够认识到自己的不足，比如粗心呀，答题时比较急躁呀。但是，认识归认识，考试时该犯的错还是会犯。一次两次考不好，佳佳还能自己鼓励自己，给自己打气说下次一定能进步，可是经过几次打击后，她的勇气、信心越来越少。在一次考试成绩出来后，晚上她来找班主任王军诉说心里的苦闷，说着说着就伤心地哭了起来，说她知道自己不够聪明，所以很努力，也认真总结教训，可是经受一次又一次的打击，觉得连骗自己说下次一定会进步的勇气都没有了，她感觉很无助、很恐慌。

王军明白佳佳目前的主要问题是没有信心，所以考试时总是在犹豫，总是在怀疑自己的解法是否正确。对自己的答案没有信心，就会在一些小地方犯一些事后看起来很可笑的错误。而且，遭受很多次的打击后，失去了信心不是几句话就能重新建立起来的。该怎么帮助她呢？如果只是跟她说一些老生常谈的道理，不会有好的效果，一定要先让她明白老师理解她的感受，于是，王军采用了一种心理疏导的方法。

王军对佳佳说："我明白你现在的心情和感受，遭遇几次成绩的'滑铁卢'后，感觉自己就好像是黑夜里在大海上飘荡的小船，看不到港口的灯塔，很无助。"佳佳说："是的。"王军说："好。我们做个游戏吧。"佳佳破涕为笑，点头表示同意。

王军在佳佳的正前方放了一个暖水瓶，然后对她说："我要把你的眼睛蒙上，之后你就往前走。要小心水瓶哦。"说着用一条毛巾蒙上她的眼睛。佳佳很犹豫地一点一点地往前挪步子，心里一直担心会踢倒水瓶，不敢迈大步子。实际上，在蒙上她的眼睛后，王军就悄悄地把水瓶拿走了。等佳佳怀着惊恐的心情走了过来后，王军让她取下蒙在眼睛上的毛巾。对她说："你现在确实地走了过来，是吧？但是刚才心里是什么感觉？"佳佳说："心里很害怕，担心踢倒了水瓶。"王军对佳佳说："对，因为你之前看到水瓶在你前面的路上，眼睛看不到后，就很担心害怕。实际上，你害怕的不是那个水瓶，害怕的只是你心中的那个水瓶。真正的水瓶实际上并不在你的路上了。明白吗？"她点了点头。王军接着说："水瓶就好像是你现在心中害怕的东西，也许是下一次的考试，也

近代教育家陶行知说："培养教育人和种花木一样，首先要认识花木的特点，区别不同情况给以施肥、浇水和培养教育，这叫'因材施教'。"

许是你不会做的难题，你怕的只是你心中的那个东西。但是，你要知道，你所害怕的东西，它实际上并不像你想象的那样真实。你现在需要的是把引起心中恐惧的那个东西从心中擦掉。因为它并不是真实存在的，它只是你的想象而已。"佳佳思索了片刻，脸上露出欣喜的笑容。她高兴地说："老师，我懂了。其实学习上的困难并不可怕，可怕的是我心理的负担太重。"

王军马上鼓励佳佳说："就像刚才，我帮你把水瓶拿走了，即使闭着眼睛，你也完全可以怀着轻松的心情走过来，不用担心踢倒水瓶。但是，你却是忐忑不安地一路走过来的。你注意到了吗？你还是走了过来，不是吗？你仍然走到了终点。"佳佳表示赞同。王军接着说："在你前进的道路上，你并不孤单，老师、朋友、父母都会帮助你，帮助你把前进的障碍消除，但是你内心恐惧的障碍只能靠你自己去扔掉。而且，即便前进的道路上存在障碍，存在困难，你也会跨过它，走到终点的。只是，你可以怀着沉重的心情、恐惧地走过去，也可以怀着轻松、愉快的心情走过去。你到底该如何走呢？完全在于你自己的意识。"等王军说完这些后，佳佳开口了，说："谢谢老师，我明白老师的意思了。我知道以后该怎么做了。"

这次谈话以后，王军首先在自己讲授的物理课程上给了佳佳更多的帮助和指导，下一次考试，佳佳的成绩比上一次高了 11 分，这使她受到了巨大的鼓舞，整个人都快乐起来了。当学习不再是负担的时候，成绩自然就有了显著的提高。

教育是一种引导，引导的方法是多种多样的，许多时候教育的苦口婆心是很难奏效的，而这时采用心理学技巧，往往会出现更满意的效果，北京四中王军老师的经验，值得教师在消除学生心理障碍时借鉴。

边散步边谈心，教师恩泽如春雨

北京四中语文教师魏荣在担任班主任的三年中，与学生谈话多数都不在办公室，而是在操场或校园小径。这样自然也就很少坐着，往往是散着步谈着话，还领略着校园的美丽风光。她在与学生的交谈中，有时看看蓝天白云，吹吹轻风，感受操场上肆意的青春气氛，观察校园中各色植物的绽放或凋零，学生的很多心事与心结，也就在这样相对轻松的气氛中，慢慢得以宣泄或消融。

2012 ~ 2013 学年，魏荣接手新组建的文科 2 班。这个班的构成比较多元化，有 3 名艺术特长生，6 名国际部学生，9 名体育特长生，其他 25 名学生中，有准备出国的，有理科学不下去的，也有成绩较为优秀的。面对这样一个构成复杂的班级，魏荣认为首要的就是了解情况，以便在学业和心理上分层指导。魏荣列出时间表，和全班 43 名学生逐一约谈，每人限定半小时左右的时间，一般选在午休和下午放学时，向同学招呼一声："我们去散步吧。"于是就和学生一同去操场或校园小径上边走边谈，一个半月之后，魏荣完成了与每名学生一对一的谈话，通过这种方式，她了解了学生们各自的成长诉求，建立起了彼此信任与相互理解的师生关系。从此以后，通过散步的方式约谈便成了魏荣与学生之间的常规活动。经常与学生谈话，也让魏荣在帮助他们调节心情的同时，了解到这个年龄段的孩子存在的一些重要问题。

班里有个女学生的父母在外地工作，自己住校读书。正处于多愁善感年龄段的她，独自求学的孤独感加上体质较弱容易生病，时常陷入顾影自怜的情绪中。有一次，她不小心扭伤了脚，有同学告诉魏荣看到她偷偷地哭泣了好久。于是，作为班主任的魏荣约她在学校长廊聊天，女孩子向老师倾吐了内心的凄苦。她每周末回亲戚家时不受欢迎的尴尬以及脚伤导致行动不便的焦虑，使得她的情绪十分低落。魏荣在交谈中首先表示理解她的感受，因为自己"独在异乡为异客"也有 10 年之久了。魏荣跟她说："乐观些看，这样的经历绝对有利于自身的成熟和成长，它会让你变得自信、踏实，学会坚强，懂得体谅，这种成长的感觉是很棒的。但是如果老是生病就不好玩了，就算周围人多么关心你，病痛总要自己承受，那时很容易觉得自己可怜兮兮的……"听魏荣说到这儿，女孩的眼泪就落下来了。魏荣却微笑说："别哭呀，你一哭，学校里人来人往的被看见了，以为我凶巴巴地把你训哭了，那我多冤啊！"她"扑哧"一声又笑了。之后魏荣建议她要关注气候变化，重视体育锻炼，亲戚家可以逢节再著名教育家叶圣陶说："教师之为教，不在全盘授予，而在相机诱导。"

去，把自身对于绘画、舞蹈的兴趣发展成特长，她认真聆听并表示感谢。随后，看着她一天天变得开朗有活力，魏荣从内心里感到欣慰。

以此为基点，魏荣推理出很可能有些人的情况与这位女同学的情况类似。他们的父母不在身边，需要老师给予细致入微的关注。经过一番了解，班里确实还有四五个学生是这种情况。魏荣便对他们格外关心，课间寒暄几句，有时约到操场散散步，确保他们在一个有安全感、能够感受到关怀的环境中成长。

在学校的操场或校园小路上，教师与学生一起散步、谈心，不同于在教研室里的交谈。因为户外视野开阔，目之所及的树木、鲜花、草坪以及吹过面颊的轻风和温暖的阳光，都会使学生紧张的心理得到放松，这时候教师的话更容易被学生接受。走在学生身边的教师也没有了上课时的威严，就像朋友一样侃侃而谈，心理距离在言谈话语间拉近，彼此间就能进入互相理解和互相尊重的交流状态，这种谈心的方式不失为最佳的交流与沟通的方式。如果教师想更大程度地了解学生的心理状态可首选这种方式。

启迪爱心，善言暖若锦帛

北京四中青年教师孙玲第一次教高一某班英语时，这个班学生的优秀总是让她感到惊讶，课堂上无论多难的问题总有人给出完美答案，学生会主动约她中午或放学后答疑。但与学生们相处的时候，她总有一些说不出的不舒服。这种不舒服来自哪里呢？孙玲经过分析得出这样的结论：来自答疑时有的学生一边排队一边看表；来自他们大多数都专注于求知，答疑后经常忘记说声谢谢；来自课前演讲时学生给全班同学发糖却没有她这个老师的份儿。所以，很多时候，在优秀学生云集的 A 班上课的幸福感并不比在普通的 B 班多。

有一天，孙玲给学生上一节美文赏析课。文章的题目叫《服务顾客绝非小事》。文章主要讲述一个即将离开美国迪斯尼乐园的游客无意中和宾馆服务人员说起自己未冲洗的胶卷丢失，觉得很遗憾，没能把美好的记忆永久保留。而这位服务人员则提出让游客留下邮寄地址。几天后，游客收到迪斯尼乐园很多照片，包括游行、放焰火等景点活动，演出照片背面则是演员们的签名。游客为之感动，更惊叹和赞叹迪斯尼乐园工作人员的职业精神。而全文最后的主题升华更加发人深省："优秀的服务并非来自规则和指南。而是来自善于关爱的人们——来自一种鼓励和以那种态度形成模式的文化。"

关键词是"关爱他人"。孙玲在备课时认为这是一次绝好的教育机会，虽然文章看似是在宣扬职业道德，但其背后蕴含的关爱思想对学生来说是更重要的。

于是在课堂教学时，孙玲先引导学生说出"关爱他人"的主题思想。然后列举了几个生活中的小故事，说明自己因从学生那里得到的关爱而深受感动。她共讲了三次感动：第一次，自己怀孕时，说近来血压不稳定，下课后有学生建议她吃麦片，说对血压有好处。第二次，生孩子后重返课堂，她对肥胖的身体感到很困惑，下课有学生建议她跳绳，因为这种方式最安全，还有预防教师职业病静脉曲张的作用。第三次，她在学期期末时在学生作业本上写"Wish you good luck in the final exam！（预祝期末考试成功！）"，学生们大都没有任何回复。终于有一次一个男生写了"Thank you！ Thank you for your efforts in teaching us so well in the past term.（谢谢您！感谢您一个学期以来为教我们付出的辛苦。）"，看到留言她哽咽了。

说完三次感动，孙玲感谢能够给身边人带来温暖的学生，是他们让每个匆忙的辛苦的日子变得那么幸福。她期望学生不但在学业、事业上有所成就，更希望他们是让人想起便会觉得心里暖暖的人。

给A班上过这次课之后，孙玲的"收获"颇丰。学生在来问问题前先问她是否已经吃过饭，他们不会再催促前面的同学"什么时候能问完"。当然，孙玲在他们作业本上的留言也总能得到学生的回复，对于鼓励回馈了更多感谢。有许多学生在周记中以对他人的关爱为主题写随笔……

更让孙玲意外的是，学生们对她的关爱还成为她人生一个重要经历的巨大动力。在这批学生进入高二下学年后，孙玲被推选参加美国政府项目赴美交流访问一年，对两岁半的儿子，对亲人朋友和学生的不舍都让她犹豫不决，她隐苏联教育家苏霍姆林斯基说：“人类的精神与动物的本能区别在于，我们在繁衍后代的同时，在下一代身上留下自己的美、理想和对于崇高而美好的事物的信念。”

约透露过自己的为难，于是很多学生在周记中鼓励她和他们一起接受挑战。有学生这样写道：“我们进入高三时，您到美国工作、学习，将是您一生仅有一次的经历，虽然要和家人，和我们分开，但我们应该成为彼此的动力。”这段话让孙玲非常感动。

高二下学年的最后一次英语课，学生播放了用孙玲在英语课上和课后答疑时的照片做成的小电影，以此表达他们的不舍和感恩，更鼓励他们的孙玲老师在美国的一年要努力，每个学生都给她写了一封信，还有学生送给她自己演奏的原创钢琴曲录音表达祝福。孙玲哭得说不出话，感动于学生们的深厚情谊，更被他们的乐观、优良心态所感染。最后孙玲决定要勇敢地迎接新挑战！

孙玲到美国以后，经常收到学生发来的邮件，半年多以后陆续收到学生们被国内外名校录取的好消息，更让她在大洋彼岸感动的是，学生们就算熬夜做完作业也要给她写“语不惊人死不休”的校园趣闻邮件。孙玲为学生们能取得骄人的成绩而高兴，但更为他们能成长为感知爱、品味爱、分享爱、传递爱的人而倍感幸福。

高中生都是善良、可爱的孩子，也许由于学习压力大，也许由于没有关注细节，他们美好的情怀、对周围人的爱被隐藏起来了，而幸福和成功的成长应当是学业和性情的双丰收。一节因讲授职业道德文章引发的对人性思考的赏析课，让孙玲在和学生相识之初就很快地走得更近，这种和优秀学生们的师生情谊，更让孙玲感受到了启发爱和收获爱的幸福。

尊重始自记忆，绝知此事要躬行

教师要以独具慧眼的辨识能力，发现学生的独特之处和专长，并时时加以鼓励和提携，才能做到真正尊重学生的内心，培养出有建树的人才。

北京四中的英语教师方芳，有一年暑假开学后任高二（4）班的班主任。当时原班主任因为个人原因不能再接着带这个班了，但学生们对他的感情颇为深厚。为了不让学生情绪上有所波动，直到高二开学的第一个班会时才正式向学生们公布了这个消息。开班会之前班长来到方芳的办公室对她说："方老师，等我叫您来的时候，您再跟我去班里。"于是，方芳只好在办公室耐心地等待。

时间一分一秒地过去，虽然是十几分钟，方芳感觉像是等了好久，班长才表情凝重地过来跟她说："方老师，您跟我来吧。"她跟着班长走到班级门口，看到原班主任正在做学生的思想工作，而学生大部分脸上还带着泪花。方芳走进教室全班学生漠然地看着自己，尽管她神态自然地进行了自我介绍，但还是感到了凉意从胸口往下坠。

为了让学生尽快地接受自己，方芳在第二次班会上，决定采用特殊的方式拉近自己与学生间的距离。她说："今天我要挑战一下自我，和大家一起玩个游戏，名字就叫'让我走近你'。这个游戏是这样的：请每个同学在发的卡片上描述一下你的同桌，但不要写他的名字，然后对折后交给班长。班长收齐后，放到讲台上来。"方芳的话一出口，学生们显得很兴奋，而她自己却紧张起来，她真的害怕这场挑战失败了。

"挑战开始——你们看我能不能说出纸条上描述的人是谁。"方芳说完拿起一张卡，认真读了起来，然后迅速说出了这个人的名字。就这样，一张张卡片在学生们面前打开，她一次次准确无误地说出了纸条上描述的人的名字。学生在惊诧之余露出了欣喜的笑容。方芳知道这是大家发自内心的笑容，也意味着同学们正式欢迎自己加入到高二（4）班这个大家庭中来。

通常情况下，方芳为了在上课的前两周记住学生的名字，采用这样一个好办法：让学生把自己的名字写在卡片上，如果有英文名字的话，也可以是中英文对照的，上课的时候摆到桌子上，提问时多叫学生的名字。但是作为新班主任，采用这种方法有点远水不解近渴，因此想出了做游戏的办法，使自己很快与同学们亲近起来。

记住学生的名字，对于教学和班级管理都非常重要。对于这一点，方芳在听一位外教的课时，有了非常深刻的体会。

那是一节选修课，外教花了两节课的时间点名。每点到一位，都随便问学生一些问题，比如年龄、生日、爱好等，并写在记分册上，起初，方芳对外教

美国教育家爱默生说：“教育的秘诀是尊重学生。”

的行为有些不理解，认为如此这般真的很耽误时间。可是到了第二次课，她发现这位外教竟然能够非常准确地叫出每个学生的名字了，这是课上询问、课下用了许多工夫才取得的效果。作为教师知道学生名字和个性特征，一句话就能温暖学生的心。

知道这其中的奥妙以后，方芳每次新接一个班，为了迅速了解学生，在开学初会和每个学生面谈一次。这样的交谈与平时的交谈完全不同，她主要呈现一个倾听者的角色。学生们先按照要求回答她的三个问题：从小到大学英语的历程、是不是一个计划性强的人、英语哪部分最需要帮助。他们说的每一点她都要认真地记下来，然后再给出相应的建议和指导。

每次上课前方芳都会早些去教室，下课后晚走一会儿，问问学生课上是否听懂了，还有没有什么问题，有的时候也聊聊学习之外的事。这样做了以后，很快加深了对学生的了解。

方芳认为，记住学生的名字，是教师跟学生良好互动、沟通的开始。每一个不同的名字，都代表着一个与众不同的个体，都承载着不同性格，也关联着不同的兴趣爱好、思想情感、成长背景等。方芳说：“尊重学生的差异，从记住学生的名字开始。”

能记住学生的名字，只是尊重学生、了解学生的一个良好的开端，但是只有这个开端是不足够的。为此，方芳总结出了以下几点经验：

1. 做个终身学习者

当教师要求学生努力学习的时候，教师要问一问自己是否也很努力。当教师希望学生做事要有毅力的时候，教师也要问一问自己是否经常半途而废。当教师在课堂上大谈某种不文明的行为时，教师要检讨自己是否也做过同样的事。2003 年时，方芳边工作边上学，全部时间被填满。学生在评教作文中写道：“每当经过外语组的窗前，总看到方老师在办公桌前忙碌着。老师这样敬业好学，我们有什么理由不专注学业呢？”这充分说明了教师自身行为对学生产生的影响远远大于说教。

2. 对学生一视同仁

教师尊重每位学生就要对所有学生一视同仁、亲切和蔼，给予每位学生以同样的关注，欣赏他们，理解他们。教师只有营造出这样的环境，学生才会愉快地学习，获得自尊和力量。因此，教师的尊重要体现在日常教学的各个方面。

3. 尊重学生的劳动

用双手向学生递东西，经常对学生说“谢谢”，是方芳多年形成的习惯。每一次学生测试完毕，当最后一个学生收齐本组试卷交给方芳的时候，她都会双手接住，然后说一声“谢谢”。学生每每在竞赛中取得了好成绩或是学习有了进步时，她都会在课上为他们颁奖。每个学期末，她会为科代表准备一份小小的礼物，上面写着：“Thank you so much for your contribution，for our class cannot be so organized without your help.”而且在全班号召全体学生对科代表的辛勤工作表示感谢。

4. 尊重学生的爱好

方芳的英语课有一项内容是 free talk（自由演讲），有个同学在演讲时提到了他的偶像周杰伦，言语中透露出无与伦比的崇拜。当时，方芳只知道周杰伦的一首名叫《我的地盘》的歌，而且唱得含混不清，像是在呓语。于是就在学生做完 free talk 后很武断地说出了自己的看法，这位同学也没再说话，但是他的表情明显是对方芳的话感到不满意。没过多久，又有一位学生谈周杰伦，这一次像是专门为了说服方芳。他从周杰伦的成长，到他作曲、作词的天赋，再到他演绎歌曲的能力，讲得如数家珍。这时方芳才意识到自己除了这个歌手的名字以及少得可怜的歌曲外，基本就没有任何了解了。于是她真诚地对学生们说：“感谢这位同学的介绍，使我对周杰伦有了全面的了解。我决定以后多听他的歌。”同学们听她这样说都开心地笑了。

5. 尊重学生的时间

通常情况下，经常向教师提问的学生总是固定的一些人，而有些学生不愿意也没有意识去教师办公室问问题。他们希望老师更加关注自己，但就是没有勇气主动来找老师，当真被老师叫到的时候，可能凑巧又另有安排。每次大考过后，方芳都会和每位学生或长或短地谈一次话。为了保证应有的效率，还把自己的课余时间以15分钟为一个单元，并安排好谈话顺序名单。后来她发现，经常会有学生因为这样或那样的原因无法来办公室。次数多了，方芳意识到自己犯了一个错误，那就是没有意识到学生也有自己的安排，约定时间应该是双方达成的，而不是自己独自规定的。于是，每当大考之后，她还是会和所有学生谈话，但做了一个小小的改动，那就是把每个时间单元都空着，等着学生来根据自己的时间安排在谈话单元填上自己的名字。做了这样的改变之后，她惊喜地发现，谈话效率大大提高，她认为这是尊重学生时间的结果。

学生升入高三，方芳每个月都会制定一个谈话表，要求学生必须来找自己谈一次话，了解他们的学习和心理状态，很多学生说这是使他们非常受益的方式。

每一位学生都渴望被尊重、渴望被赏识。尊重理念下的教育强调的是接纳、宽容和理解。教师要给学生创造宽松自由的成长环境，就要时刻注意尊重、理解、关注、帮助、支持、赏识学生，使学生感到被接纳、被信任、被赏识。而教师懂得尊重学生，让学生在被尊重中学会尊重，才能树立起做人的尊严和自信。

维护教育权，涵泳工夫兴味长

如果教育的严教触及了学生教育权的底线，那就要给自己的唇舌上一把自动锁，当过分严厉的话将要脱口而出时，这把自动锁应见“气”锁门，起到维护学生合法权益的作用。

教师在管教学生时，哪些方式会剥夺学生的受教育权？例如，禁止学生参与某些课程的学习，如体育课、音乐课、美术课等；禁止学生到校上课或将学生隔离到教室门外，这些管教的方式都会迫使学生无法完整地学习到学校的课程，被视为剥夺学生教育权的行为。

某中学的英语课堂上，外教已经开始讲课了，有几个学生从校外回来，想进班级上课，这时班主任老师却挡住了他们：“外教已经开始讲课了，中途打扰是很不礼貌的行为，你们不能进去。”

有个学生争辩说：“我交了钱就得让我上课。”

班主任不假思索地说：“在外教面前你代表的不是你自己，而是中国。所以不能让外教对我们产生不良印象。”

几个学生的眼睛睁得大大的，直勾勾地看着班主任老师。有个学生说：“老师，您让我们进去吧，我们喜欢上外教的课。”

班主任老师说：“不行，咱们学校是北京的先进校，任何时候都要给人守纪律，校风好的印象。”

这位班主任一直坚持没让这几个学生进教室，还苦口婆心地给他们讲道理，就在班主任的鸿篇大论还没讲完时，外教课结束了。

班主任老师非常生气，心想现在的孩子真不懂事，一点大局观念都没有。事后她与同事们谈起这件事，一位教师反驳她说：“尽管是外教课也不能耽误学生呀，他们学习的积极性、学习的效果都是最重要的。”听了这话这位班主任终于明白，问题出在自己身上。外教并没有不让学生上课，是自己阻止了学生。她对自己进行了反思：“我凭什么要剥夺学生上课的权利？是因为我是教师，是长辈；他们是学生，是晚辈吗？”通过深刻的反思她认识到自己的错误并非小事，主动向这几位学生道歉。

在学校的教学、教育活动中，教师经常替学生做主。由于有这个“做主”的特权，教师也就自然用自己的观念来影响和干涉学生。从不让学生上外教课这件事上，反映出教师的一种深层的观念：在外国人面前，我代表中国；在外地人面前，我代表北京；在外校面前，我代表本校……因此，就要求几个学生把自己的行为和祖国联系起来。迟到，对于学生来说只是一件小事，硬是和“中国”联系起来，显然是把问题夸大了。实际上，学生只代表他自己。

旧有的观念影响着我们，老把“好的一面”留给外人。为了维护“好的一面”想尽了各种办法，掩盖一些虚伪的、不真实的东西，甚至剥夺了一些人应有的权利。教师本人在小的时候从学校和父母那里接受的教育就是不能丢面子。这种想法已深入骨髓，所以这位班主任不让迟到的学生进外教的课堂。可是反过来想，是面子重要还是学生受教育的权利重要呢？以人为本，以学生发日本学者永井道雄说：“办好教育的关键，第一在于教师，第二还在于教师。”

展为目的经常挂在教师的口头上，但在具体工作中，却往往忽视了学生应有的权利，尤其是在管教学生的时候，把学生拎出来推到走廊罚站；当有的学生在课堂上捣乱且怎么也劝不住时就赌气说，“不想念书就回家去”，而那个淘气的学生背起书包走人了，教师终于如释重负，其实这都是侵犯教育权的做法。

台湾有位教师叫刘英琪，为了管教学生，在课堂上设“静心座”，这个方法很好，既管住了学生课堂捣乱的行为，又避免了“侵权”事件的发生。

有一天早上，刘英琪趁着每个月换一次座位的机会，特意把讲台旁边的一个位置空了下来，没有学生被分配到那个座位上。刘老师告诉全班同学说，这个座位叫“静心座”，接着在黑板上写下了这三个大字。

“静心座？是干什么的？”同学中有人开始犯起了嘀咕。

刘英琪笑而不答。这时有个叫小明的学生翘起屁股，向前座的学生传纸条，然后又快速地坐回到自己的座位上。他的举动让刘英琪看在眼里，决定利用这个机会让同学们知道什么是“静心座”。

“小明，你拿着课本、铅笔盒，过来坐在这里。”刘英琪微笑地看着小明，用手指着她旁边的“静心座”。

小明不懂老师的意思，大声说：“老师，我的座位在这里，为什么要换？我不想坐得那么靠前。”

“小明你虽然来上课了，但是我刚才注意到你的心还没有安静下来，它还在蹦蹦跳跳地玩传纸条的游戏，所以我让你坐到这个‘静心座’上来，让你的心静下来，专心地听课。”刘老师看着小明，向全班同学温和地说完了这番话。

“喔，原来是这么回事，这‘静心座’是给不守纪律的同学坐的。”全班同学都知道，只要谁上课不专心，干扰别人，就要搬到“静心座”，等到自己不安定的心静下来，能专心学习了，才能回到自己的位子。

自从有了这个静心坐，那些传纸条、爱说话的同学，也渐渐地收了心，毕竟去“静心座”上坐着是一件不光彩的事。

这位教师管教学生的方法是很独到而有成效的。由此可以得出结论：教师是知识和心灵的教导者，要掌握管教学生的艺术，不能因学生犯错就出口不逊，剥夺学生学习的权利。学生即使是未成年人，他也至少有五个基本的权利，即生存权、参与权、发展权、受保护权和受教育权。然而，由于错误思潮的影响，他们的某些权利被忽视、被剥夺了。所以教师保护学生受教育的权利，是一种尊重人权的行为。任何忽略或轻视人权的教育都不是真正的教育。

第三章

与家长互动，教育才能尽善尽美

小帝企鹅的成长历程是：雌帝企鹅产下蛋后，暂时完成任务。雌企鹅在产卵过程中消耗了大量的体能，于是把孵蛋的重任交给雄帝企鹅后奔向大海去觅食。雄帝企鹅要在极度寒冷的环境中，历时 60 天孵出小帝企鹅，由觅食归来的雌帝企鹅喂养，雄帝企鹅再度回到大海觅食，小帝企鹅在父母轮流养护中长大，一个月后被父母送到“学校”去培育。

帝企鹅的培育是由家庭和“学校”来共同完成的，与我们人类对后代的教育大致相同。都是由家长和教师联手合作，把后代的教育做到尽善尽美。

帝企鹅教育信奉这样的理念：教师要像北京著名教师孙维刚和北京四中的优秀教师那样，擅长与学生和学生家长做良好沟通，为学生营造最佳教育、最适合成长的环境。

与家长联教，思其始而成于终

未成年孩子内心的想法具有多变性，心态也容易受外界影响，教师与家长密切合作，及时发现问题，才能使德育、智育的效能发挥更大作用。

《孙维刚谈立志成才》一书中，有这样一段话："在北京，几乎谁都知道这个词组：'请家长。'这是指中小学的班主任把学生家长找来，向家长告状。而近些年来，在有些学校则变成了'训家长'。这实在是一种愚蠢之举。其一，降低了教师的身份，以这种方式向学生和家长宣告自己的无能。教师内心里的真实想法是，'我是没法子了，只好请您出山'，把家长当成了'法官'。其二，有人倒不是请家长来断'案子'，而是为了让家长回家好好教育孩子，但事实上，许多家长回去把满肚子的怒气发泄一顿，哪有什么教育效果！反而使学生认为老师此举是为了出气，加深了师生间的隔阂。至于'训家长'，则更是把家长也推向了对立面。把学生的问题推给家长，其根源都是没有设身处地从孩子的身心出发，没有从孩子的前途考虑；其本质都是待问题发生时，去当消防队员，而不是防患于未然。须知，使人不生病的医生，才是真正的好医生。"

怎样当这样的好医生？孙维刚对与家长联手教育学生有着独特的做法。他的班上有 42 名学生，他常常说，我们有 85 个教师，父母双方也是教师。他说："如果我的教学思想得不到家长的配合，是根本无法实施的。"在孙维刚的思想观念里，家长是可以依凭的力量，而他从来没有把家长当成敲打学生的大棒。

孙维刚的学生历和远的家长陈秋红还记得："我们第一次参加这样的别开生面的家长会：前面坐着 42 个学生，后面坐着 84 位家长，孙老师说，我们的班集体是包括所有的家长和他本人在内的 127 人组成的大集体。"学生把这种家长全到场的家长会称之为"300%的家长学生联席会"。

有一次，孙维刚召开了全体同学和其父母参加的联席建班会。会上，针对社会上越来越浓的"见分不见人"风气，孙维刚再次重申了他的观点："做学问，先做人。不要只是想着 3 年后考高中，6 年后考大学，这些都先不要想，当务之急，是想想把孩子们培养成品德高尚的好人。"基于此，孙维刚再次提出了他的建班原则：1. 诚实、正派、正直；2. 要树立远大理想和宏伟抱负，为

法国教育家卢梭说：“只有家庭、社会、学校三者配合起来，才能够使孩子健康成长。”

人民多做贡献；3. 做有丰富感情的人，要因为我来到这个世界上而使别人生活得更幸福。

许多人认为，本来学生学习负担就很重，再花时间、精力抓德育得不偿失。但孙维刚不这么看，他认为抓好德育工作，使孩子确定人生的正确方向，学习道路上遇到困难也不会气馁。他把这个主导思想讲述给家长，得到了家长的认可和支持。家长孙言曾说，在新生入学的一次家长会，他本人是抱着听一听的态度来的，因为这时同意录取孩子的，还有另一所声誉比北京 22 中更高的中学。而孙维刚的一席话，让他立即拍板：把孩子交给孙老师我放心。

孙维刚开家长会，不像一些老师那样只讲谁的成绩好、谁的成绩差，搞得像开“批判会’一样，让成绩不好的学生及其家长极度紧张。他认为家长会是集中反映孩子学习情况的较好方式，让学生备有压力，也让很多家长望而生畏，违背了开家长会的宗旨。在孙维刚召开的家长会上，成绩不好的学生也会受到表扬。通常情况下孙维刚会把学生的成绩及排名列在黑板右侧，而随后又在显要位置打上另外一个“综合分”即“素质分”，有时两者反差较大，成绩不好学生会因为综合分高受到表扬。后来家长才明白他用综合素质去评价学生的作法是正确的，因为有远大抱负、正派、诚实、乐于助人的学生才能最终成才。

家长集体的形成和家庭教育的改进，是孙维刚教育实验中具有突破性的创举。他的家长会主要是与家长沟通教育计划，改进家教环境，传播教育学、心理学知识，从而让家长成为教育学生的同盟军。一轮实验班结束，许多家长说如同上了六年家教大学。家长成为班集体的重要组成部分，他们不仅积极配合孙维刚教育自己的孩子，也想为这个集体出一份力量。

为了免除同学们书包过于沉重的负担。孙阳同学的妈妈设计了 6 组共有 48 个柜门的橱柜，又花了 4000 元请人制作并运来学校。这组橱柜设计得非常精美，乳白色中透着淡蓝，造型雅静大方，每个柜门上都有一副精巧的吊扣，整整齐齐，从北到南占了教室后半面墙壁。各地来听课的教师们一进教室，最先吸引他们的就是这排橱柜，它们给教室增加了明净，增添了肃静，更给学生增加了上进的力量，齐心协力建设好班集体的力量，为国家建设成材的力量。

孙维刚和同学们都想为这套橱柜交钱，但是孙阳同学坚持不收。孙阳的妈妈说：“为什么不给我们一个学习雷锋的机会呢？”最终，一分钱没收。激励，却留在了每一个同学的心上。

家长和教师在教育孩子的方向上、目标上是一致的。如果这两方面的力量整合好，就能使孩子快速成长。那些只知道“找家长”、“训家长”的教师对这一点缺乏明确的认识，因此，很有必要学习、研究孙维刚与家长进行交流和沟通的方法，建立起良好互动的关系，对培养学生德、智、体全面发展大有益处。

与家长互动，凡情谩说内丹真

由于看问题的角度不同，教师和家长沟通不是件容易的事情。两者进行交流、互动的最好平台是什么？那就是教师用真诚和爱心在家长心里产生感动，这种感动能铲平任何一种沟通的障碍。

孙维刚带全班同学去参加北京市少年宫举办的活动。当他们的大合唱结束，同学们排着队整齐地走到后台时，高航同学说自己的身体不舒服，贾笑天和孙兴两名同学立刻把他送到北京市第六医院就诊。

孙维刚当时担任第 12 届中国数学奥林匹克竞赛的北京队领队兼主教练，需要安排北京代表队去杭州参赛的一些事情。晚上 7 点，他才回到学校，这时贾笑天和孙兴已经从医院把高航送回家，两人返回了学校。

孙维刚问高航身体怎么样了，他们回答说，发烧 39.2℃，病情还是很重的。孙维刚二话没说，骑自行车赶到南河沿南口高航家看望。当时已经是晚上 8 点多了，高航刚睡下。他的奶奶说：“高航感冒有几天了，今天早晨体温是 37.5℃，我劝他不要去学校，说马上要期末考试，还是抓紧治好病，别闹大发了，考试都考不好了。高航不肯，他说今天下午要去少年宫参加活动，最后的全班大合唱，队形已排好，自己一不去，又重新排队，给老师和班干部添麻烦，好在体温也不太高，吃点药，就好了，明天再请假吧。结果是他从学校出美国科学家爱因斯坦说："照亮我的道路，并且不断地给我新的勇气去愉快地正视生活的是理想，是善、美和真。"

发时就觉得有点不妙，全身发冷发抖……"

孙维刚焦急地说："这孩子为什么不早说，抓紧上医院，也不至于烧成现在这样啊。"

高航听到奶奶与孙维刚说话从床上坐起来了。他接着话茬说："当时队伍已经要出发了，我要是一说，队形重新排不说，起码有一个同学要陪我上医院，而且同学们和您心里都会惦记我，开会和讲演就该分心了……"

这就是孙维刚学生的好品质！心中首先装的是别人，是集体，是工作。尽管孙维刚不提倡也不赞成高航的这种做法，但是高航一心为集体着想的精神还是让他非常感动。

那天晚上，高航的父亲说什么也不让孙维刚马上回家，他的奶奶打开火给他做饭，热腾腾的饭菜端上来时，孙维刚的心里涌上一股暖流。高航一家人看他吃好了饭，才满意了。孙维刚和他们一起谈班上的情况，谈了高航的学习情况，谈了即将来到的高考。大约 10 点半，孙维刚才准备回家。

高航的父亲执意要打出租车送他回家。孙维刚说不用，因为自己是骑车来的没法打车。高航的爸爸说，要骑车陪他回家，因为时间太晚了，孙维刚身体不好，怕路上出现什么意外，孙维刚扭不过，只好同意高航爸爸骑上了自行车，两人一起往他家的方向走。

路上，孙维刚越想越不对劲，高航的家在东城区南端，而孙维刚家在北面的安贞桥，足有 12 里地，等自己到了家，高航的父亲再回来，还不得半夜 12 点。想到这里，孙维刚干脆下车不走了，说什么也让高航的爸爸回去，他拗不过，只好依了孙维刚。孙维刚这才骑上车回头向他招手，请他回去，但他仍伫立着向孙维刚招手。他一次次回头，高航的父亲一次次向他招手，直到彼此都消失在浓重的夜色中……

在孙维刚教育故事案例中，像上面这样与家长情深义厚的故事有很多。他们之间之所以彼此尊重、彼此信任，源自孙维刚对学生拥有的责任心和使命感以及赤诚无私的爱。如果一名教师，在教育学生时只知道抱怨、埋怨，甚至愤恨不平，那么他一定没有足够的爱心，也不可能对自己的工作十分敬业。根源还是在自己身上，而不是在学生和家长一方，应多从自身找原因、想办法。

教育家陈鹤琴有句名言：“没有教不好的学生，只有不会教的老师。”有人认为这句话过于绝对，但是在孙维刚带的班级里，原本是学习成绩普通的学生，六年以后都能考上大学，有55%的学生考入北大、清华，用行动印证了这句名言的科学性。身为教育者如果能认真进行教育艺术，并身体力行，一定能成为一名真正引导学生心灵成长的、让学生一生受益的导师。

拳头有力量，众人协力成其大

教育的成功并非来自教师的孤军奋战，而是来自大目标之下的战略整合。教师与家长在思想意识上统一、方法上协调运用是取得教育成功的法宝。

孙维刚把整合家长在教育学生中的作用比作“巴掌握成拳头才更有力量”。这个说法很有道理，但是这个拳头是怎么握成的，凝结了孙维刚独特的智慧因素。

孙维刚在与家长进行教育理念的协调时，运用了三步法：

第一步，首先致力于让家长统一思想。要求每位家长不要只关心孩子的学习成绩，不要眼睛只盯着中考、高考这两个目标，要想办法把孩子培养成品德高尚、感情丰富、遵守纪律、乐于助人的好人，然后才是课业的学习。要做学问，必须先学做人。孙维刚的这个想法得到了家长们的理解和支持。

第二步，让家长明白建设好的班集体是学生健康成长的关键。如果班集体具有积极向上、学习上互相帮助的氛围，学生就具备了增强道德修养、形成良好人格的环境因素，在这方面家长要目的明确，全力配合。

第三步，孙维刚提出，家长不要具体辅导，更不要用自己当年的学习方法指导或干涉孩子的学习。社会进步了，家长当年的一些东西恐怕其中不少已经不合时宜了。

孙维刚向家长详细解释了他和学生们在教学和学习上正在探索的一条崭新的道路，一套崭新的做法，请大家统一到这上面来。同时，孙维刚给自己也提了两点要求：

1. 决不训斥家长

孙维刚曾经目睹过一些教师训家长的现象，所以他对自己提出这样的要求，有事情多与家长沟通、协商，决不训斥家长。

2. 不向家长告学生的状

在学生出现问题时，要让家长有所意识，争取家长一起来教育孩子。具体做法是，自己把问题圆满解决后，学生已经开始进步了，再请家长来，在和谐的气氛中回顾往事，以提高认识。而对于学生在学校的优秀表现，孙维刚则及时进行通报。

孙维刚班里学生的家长，有一些人在孩子上小学时被老师“请”怕了，上中学后第一次被孙维刚请来时，难免有些胆战心惊。当家长带着一副负荆请罪的样子来到他的面前时，孙维刚有些忍俊不禁。待他真诚地、激动地向家长讲述孩子在学校的优秀表现时，好几次家长泪湿衣襟。而第二天，学生来那欢喜、那笑脸、那千顺百顺，让人不禁想起王安石“春风又绿江南岸”的佳句，学生的心和老师贴得更近了。

学生的心与孙维刚紧密相连，但是初中生还是小孩子，他们有时候偏激，老师说的话百信百听，对家长的话却嫌唠叨。于是，孙维刚对学生们讲，爸爸妈妈含辛茹苦，是希望孩子成为国家和民族的良才，也希望孩子自己一生幸福，不要嫌家长唠叨，更不要表现出不满和百般排斥。孙维刚讲得很具体，有的是书上看来的孝顺父母的故事，有的是朋友家里的故事，还有他自己与父母相处的故事……这些故事让孩子们懂得如何去尊重父母、理解父母。

孙维刚经常请家长给他写信，写孩子在家里做家务、与父母相处的情况。每次，孙维刚还有目的性地选一些信在班上读，几个月后，学生们的家务劳动情况普遍很好了，也比较听父母的话了。有的家长在信里写了孩子对自己的尊重、体贴，写了父母因此而享受到的欣慰、幸福。孙维刚一面读，一面向学生们看去，被称赞的学生脸红红的，那是一种腼腆的激动，也是一种难以言表的喜悦。而其他同学脸上则写满了钦佩和羡慕，心里想，看看人家做得多好，想想自己还有很大的差距，就有点儿坐不住了。对这样的信，孙维刚总是以极庄重的态度来宣读。

英国生物学家达尔文说：“最有价值的知识是关于方法的知识。”

家长表扬孩子的信日渐增多了，再过几个月，几乎每封信中都洋溢着家庭的欢乐。学期结束时，照例要开家长会、班级联席会。这样的会每开到最后，孙维刚把他积累到的学生们对爸爸妈妈的敬佩之语，以及家长对孩子的夸奖，都公布出来。宣布散会时，孙维刚提出要求，每位学生都要过去挽起家长的手，一起漫步回家。

教室里骚动了，学生和家长脸上都挂着笑容，连孙维刚自己都没想到，他的学生们已经是大小伙子、大姑娘了，此番犹如童稚，他们的爸爸妈妈也仿佛年轻了许多。不一会儿，教室就空荡荡了，只剩下孙维刚一人，他的儿子也陪着妈妈下楼了。孙维刚站在教室里，从窗口向大街上望去，仲夏之夜，华灯之下，一家又一家，他们迈着轻快的步子融入夜色里。

孙维刚用爱心将学生、家长、教师融和为一个大集体，三方良好互动的关系，为学生的成长提供了良好的学习、成长的氛围。

有人说，班级开家长会，有点儿像过去农村的生产队开会，7 点开会，8 点打钟，9 点开始，10 点到齐——已经散会。孙维刚大学毕业后到北京 22 中工作伊始，开家长会也是一等再等，能有三分之二的家长到会，也就不错了。但是，当孙维刚开始带第一轮实验班时，情况就完全变了，家长的出席率每次几乎都是 160%甚至 200%。这是什么意思呢？因为学生的爸爸妈妈都来开会。家长们的热情之高，使孙维刚每次都要写家长会的讲话稿，而家长们都做笔记，学生毕业时，杨维华的妈妈对孙维刚说，咱们班好多家长把六年的家长会记录都保存得整整齐齐的，像一本很厚的书。

孙维刚在带第二轮实验班时，他的家长会通知有点怪：7 点零 2 分开会，7 点 58 分结束，一分钟也不等。7 点零 2 分，孙维刚准时走上讲台，开始开会。在 7 点 58 分，他准时说出“散会”两个字。然后他对来晚了的家长说：“来晚的家长请留下，我给您补讲。”于是，从第二次起，很少有哪位家长晚到。孙维刚不愧是教数学的老师，时间掌握得非常精妙，用尽可能少的时间，做成了尽可能多的事情。

引家长站过来，以一言明数理

家长不配合教师对学生的教育工作，一般有两种情况。一种是受文化水平的限制不懂得怎样去配合教师的工作。一种是家长不认可教师的教育理念和教育方法。这两种情况都挑战了教师的沟通能力和教育艺术。如果想争取家长能站在自己一边，合力施教，必须懂得打赢心理战的技巧。

北京四中的青年英语教师贾巍，拿到新学生名单后和一位好友聊天。好友说她认识班里那个叫明谦的男生，他是她儿子在小学时的同班同学。这位好友对贾巍说，明谦这个孩子比较自私，有好东西不愿和别人分享；他有时也会犯一点“小坏”；最难对付的是他的父亲，他不能站在教育孩子的立场上思考问题，总是一味地护犊子。最后贾巍的这位好友不无担心地说：“你要和明谦以及他父亲打上三年的交道，可够你这个年轻班主任受的。”这话让贾巍倒吸一口凉气。

开学后不久，明谦的行为印证了那位好友的话：他经常迟到，有时候在和同学开玩笑时为同学“挖坑”，做值日不认真，在集体活动的时候散布负面情绪。明谦的父亲也真厉害，当贾巍指出孩子总迟到影响学习时，他却大放厥词，批评学校上课太早，是学校的作息时间不合理，甚至威胁说要到教委去告状。

这一切真是够贾巍受的。可是她把明谦的行为认真分析了一下，觉得明谦并不是个坏孩子。在老师需要学生帮助出力气的时候，他总是冲在前头，并因为自己身体好，肌肉发达，总想找机会显示一下。在同学诚心诚意请求他帮助的时候，他也义不容辞，很有绅士风度。更重要的是，明谦总是和班里成绩优秀的学生打成一片。这一切说明他是一个希望自己同样优秀的孩子，他渴望表现，就是有时候表现得不是地方。

后来贾巍又了解到，明谦的父亲之所以表现得像个“愤青”，也是有原因的。首先他很年轻就有孩子了，自己不够成熟；其次，他从小在农村长大，束缚很多，所以他特别希望自己的孩子在宽松的氛围中长大；最后，也是最重要的，明谦的小学老师从来没有“教育”过他，每当他做了违反纪律的事情，总是一味地斥责他，这让明谦和他父亲对教师一直都没什么好感。

北宋政治家欧阳修说：“善者一日不教，则失而入于恶，恶者勤而教之，则可使至于善。”

贾巍认识到这些以后，找到了问题的症结。她希望自己能为明谦做点什么，不要让父子俩对教师这个行业的阴影持续到高中。于是，她开始寻找合适的时机。

步入冬天后的一个早晨，明谦又迟到了。他的迟到记录足可以让他背个处分了。于是，贾巍约明谦的父亲谈话。他得知又是因为迟到的事，怒气冲冲地走进了贾巍的办公室，边走边嚷：“谁要给我儿子处分，我把谁告到教委去。”贾巍听了这话并没有生气，而是把父子俩请到一边。坐下后，她表情很认真地表扬了明谦。表扬他有集体荣誉感，怕迟到，所以骑快车，所以车坏了；表扬他乐于助人；表扬他努力上进。接着贾巍感谢了他父亲给学校培养了优秀的学生。明谦的父亲被贾巍的表扬和感谢说晕了。也许是听惯了教师对自己孩子的批评，不习惯被表扬，也许孩子上中学后真的懂事了。总之，他的情绪缓和了，随着贾巍不断地摆事实，他的脸上还时不时洋溢着自豪呢。贾巍看“火候”差不多了，该批评了，但她并没有批评明谦迟到的事情，而是批评他不理解家长，不让家长省心。明谦的妈妈是急诊大夫，总是上夜班，他爸爸经常出差在外地，所以晚上他经常是一个人生活。在没有大人的监督下，十几岁的孩子犯点小懒，也就好理解了。贾巍批评他为什么总是不让爸爸妈妈省心，冒着出交通事故的危险，晚起床、骑快车。这时候明谦羞愧地低下了头，他父亲也破天荒地和贾巍站在了一条阵线上，批评自己的儿子。最后，贾巍向他爸爸提出一个请求：给他换一辆新自行车吧。她知道这是明谦很长时间的愿望，他父亲爽快地答应了。

第二天，拿到新车的明谦很早就来到学校自习了，从此再也没有迟到。后来，明谦没有考上四中高中，但是每年教师节他都来四中看望他的贾巍老师。

当教师的总会遇见个别的学生，也总会遇到不肯配合的家长。年轻教师经常会因为不能理顺关系多加抱怨，诸如为什么这些孩子和其他孩子不一样，为什么家长不能配合教师很好地教育自己的孩子等等。事实上，抱怨没有任何意义，教育是心灵的艺术，应该像贾巍那样开动脑筋想办法。对于明谦的教育过程，贾魏说了一段很令人深思的话："学生的不一样有不一样的原因，需要用不一样的方法来对待。只要教师愿意去了解，愿意做出努力，即便是问题学生也一定会发生根本性的改变。"

向家长通告，有如时雨化之者

教师向家长通告学生所犯的错误，学生一般都会理解为是告状行为。往往他会心头一紧，感到末日到来一般的恐慌，有的学生会因恐惧家长的拳脚而流浪街头。但是有经验的教师，通常会用最容易让学生接受的语言来向家长做通告，在三位一体的、和风细雨式的交流中解决问题，体现出教育艺术所散发的独特魅力。

北京某中学教数学的丁老师在课堂上举起一张卷子说："这次考试很难，只有李裕田得了100分，他是咱们班数学最好的学生，何况人家还是从郊区转来的。"丁老师的话音刚落，同学们的目光刷的一下投向了李裕田。

"哼，不就是个土老帽儿嘛。"高威同学的这句话一经出口，课堂纪律一片混乱，丁老师费了很多口舌才使大家安静下来，开始讲新课。

丁老师把这件事反应给班主任仝老师后，她决定得好好教育一下高威了。高威的父亲是部队的一位首长，平时他就总是盛气凌人，不尊重其他同学。

仝老师把高威叫到办公室，他一副满不在乎的样子，仝老师严肃地对他说："你回去，针对这件事写一份检查。明天让你爸爸来一趟，我要与他谈谈。"高威软了下来，想说着什么，可是仝老师用温和的目光看着他，对他说："没什么的，我只是想与你爸爸交流一下意见。"高威表情轻松地离开了教师的办公室。随后，仝老师给高威的父亲打了电话。

第二天仝老师上完第一节语文课时，教室的门被推开了。一位军容整齐的军人走进了教室并给仝老师敬了一个军礼。教室立即静下来，大家都猜到这人一定是高威的爸爸，是为写检查的事来的。没等仝老师说话，这位军人说："我想见见李裕田同学。"

仝老师向后排座位上的李裕田招了招手。李裕田从座位上站了起来，然后很腼腆地朝军人走去。军人正步迎上去，用微微发颤的声音说："我是高威的父亲，他在课堂上说了非常不礼貌的话，我来向你道歉。请你原谅我，也原谅他。"说到这儿，用非常诚挚的目光看了看仝老师说："老师，恐怕您不知道，我就是'土老帽儿'，我家祖祖辈辈都是农民。高威不了解这些，是我教育得不够。他何止是太狂妄了，简直是忘了老祖宗！"

宋代学者袁采说："己之才学为人所尊，乃可诲人以进修之要；己之性行为人所重，乃可诲人以操履之详。

高威在一旁，再也没有了往日趾高气扬的劲儿。他爸爸越说越激动，又冲着李裕田伸出一双大手说："让我握握你的手，好孩子，你是好样的。"李裕田的手被一双军人的大手紧紧地握住了。看到这场面，仝老师和同学们都很感动。

高威的爸爸拍了拍李裕田的肩，就走到自己儿子跟前，对他狠狠地说："我今天亲自来检讨、道歉，你也要在全班面前好好做个检查，听见没有？"站在一旁的李裕田却憨厚地说："不用了，不用了。"

"这事是老师决定的，检查一定要做。"高威的父亲说着，又用力地和仝老师握了握手才走出了教室。后来高威写了一份检查，当着全班同学的面认真地读了一遍，全班同学都为他热烈鼓掌，高威从此也不再以高干家的孩子自居了。

事实上，一个能力强、懂得教育心理的教师，不会因学生出现一些问题就轻易请家长。如果有事情必须要知会家长，要让学生理解、认可，并让他了解教师要和家长所谈的内容。这种做法即能赢得学生的信任，也有利于问题的解决。

借力施教，训诲所以移蒙蔽

与家长沟通是教育艺术的重要内容之一。由于家长来自社会不同阶层，有不同的文化背景，要求教师要有"公关经理"的口才，围绕自己设定的议题与家长协商，达到共同教育学生的目的。

教师和家长的关系，好比是由学生连接起来的两座桥墩，是并列的、平等的，不存在谁指挥谁的问题。因此，教师千万不能板起面孔去“教育”家长，否则将间接影响对学生的教育效果。有的家长性情暴躁，可能控制不住自己的感情，迁怒于教师。遇到这种情况，教师要学会自我克制，始终抱着与家长商量的态度，积极认真地处理学生身上发生的问题，转变某些家长不正确的态度。在与家长沟通时，最重要的是结果。教师不能让家长带着一肚子气回家，也不能让家长彻底绝望，要让家长既认识到孩子身上所出现的问题的严重性，又能感受到孩子的优点，同时对孩子的未来仍抱有希望。这样才能避免家庭暴力，避免父子成仇、师生成恨。

崔贤芬是北京一所中学的教师。新学期一开始，班上的王博就旷课了。第二天早晨，王博把书包放在座位上，就满脸痛苦地来找崔老师请假。

“为什么要请假呢？”崔老师不解地问。王博说：“昨天晚上我父亲毒打我，并把菜刀架在我的脖子上，声称要杀了我，我是从家里逃出来的。”

王博的话音未落，他的父亲也来到学校，父子相见，分外眼红。崔贤芬从来没见过父亲看儿子的目光如此冷酷，显然，他是盛怒未消。崔贤芬见状，马上让王博回了教室，这位父亲竟然咬牙切齿地说：“真恨不得一刀宰了这个小兔崽子！”

崔贤芬并没有受到王博父亲的冲动情绪的影响，仍然态度谦和地先让他坐下，然后拿起暖水瓶给他冲茶水。当她在杯子里放好了茶叶时，不好意思地说：“您瞧，水不热了，我重新去打一壶。”王博的父亲说：“您别忙了，我不渴。”他虽然这么说了，崔贤芬还是去重新打了一壶水回来。其实这是崔贤芬的计谋，就想以这种的方法拖延时间，使这位盛怒的父亲冷静下来。

崔贤芬把冲好的茶水递给王博的父亲时，他的情绪缓和多了。经过仔细交谈，崔贤芬得知，原来王博真是让父亲操尽了心。小学时就因打架出名，初中时又交了帮“哥们”，三番五次打群架，身为派出所所长的父亲不仅要拿赔偿费，还被上司训斥了两回，说他教子无方，弄得他大丢脸面。王博每次出事后，他都对儿子来一番暴打。

听着王博父亲的讲述，崔贤芬的心战栗着：“这哪里是父子，简直是仇人。”经过深入交谈，崔贤芬找到了父子水火不融的根源。这位农民出身的父亲经过自己的拼搏，成为了一名优秀的警察，又因工作业绩突出很快被提拔了，现在局里又把全区最难管理的经济开发区交给他，他所在的派出所依然是先进派出所，他可以说是一个成功的“事业人”。在家庭中事情无论大小，一律他一人说了算，再加之他的职业习惯使然，他对周围人就像对“犯人”一般。在他的心中他就是“绝对权威”，妻子应该怕他，儿子应该惧他，可是现在儿子长大了，越来越不听话，而且儿子完全是以他为人处事的态度来对待身边的人。

俄罗斯教育家乌申斯基说：“不论教育者怎样地研究了教育学理论，如果他缺乏教育机制，他就不可能成为一个优秀的教育实践者。”

这对父子的矛盾，问题反映在孩子身上，根源却在大人身上。但崔贤芬无权去教育这位警察父亲，只能从做学生工作入手。

课后崔贤芬找王博谈话，对他说：“你的哪些做法和父亲一样？你和我细细地摆一摆。”结果，王博才明白自己的许多做法就是父亲的翻版。

崔贤芬问：“你喜欢父亲的做法吗？”

王博说：“那还用问，谁喜欢他那一套。”

“可是为什么你的所作所为那么像父亲？”

“老师，我明白了。”

崔贤芬没有训斥，没有讲所谓的大道理，在分析讨论中，让王博知道了该怎样在自己的行为中自觉剔除父亲的影响。崔贤芬还告诉王博，不能对父亲充满仇恨。最后，崔贤芬给他一个任务，收集父亲的优点，并让他转告父亲，邀请他到班里来对学生进行法制教育。几天后，王博的父亲应邀来到学校，绘声绘色的案例演讲吸引了同学们，王博很为父亲感到自豪。崔贤芬又不失时机地与王博父亲进行了第二次谈话，指出对待孩子不能用对待犯人的方法，要关爱、引导，王博的父亲也点头称是。

崔贤芬的下一步是让王博从父亲为他做的点滴小事中，感悟、理解父亲对他的关怀，并让他懂得，人不都是完美的，优秀的人也会有自己的缺点，作为孩子不能承袭父亲的缺点。

就这样王博开始改正身上的毛病，也逐渐理解了父亲对自己的深爱，而他父亲的脾气也有所收敛。后来王博主动告诉崔贤芬："我爸说我变了，变好了。我对他说，你也和以前不一样了。"说这话时，王博一脸的幸福。

这是一个非常让人感动的教育案例，崔贤芬在教育学生的同时也教育了家长、改造了家长，可想而知她为了帮助学生，不知耗费了多少时间、付出了多大精力，最后取得了应有的效果：王博的父子关系得以改进，他本人有了可喜的转化和进步。这其中凝结着崔贤芬巧妙的教育艺术，正确的教育方法，值得有责任心的教师去认真思考、研究。

教师在教育学生的过程中存在着许多复杂的情况。由于学生来自不同的家庭，每个家长的文化水平、素质、修养不同，各个家长对学校教育配合的程度自然存在很大的差异性。下面介绍一下家长的类型，以及接待他们时应该注意的问题。

有教养的家长。接待这类家长，尽可能将学生的表现如实地向家长反映，主动请他们提出教育措施，认真倾听他们的意见，充分肯定和采纳他们的合理建议，并适时提出自己的看法，和家长一起，同心协力，共同做好学生的教育工作。

溺爱型家长。接待这类家长，交谈时要先肯定学生的长处，对学生的良好的表现予以真挚的赞赏和表扬，然后再指出学生的不足。要充分尊重家长的感情，肯定家长爱子女的正确性，使对方从心理上能接纳意见。同时恳切地指出溺爱对孩子的危害，耐心热情地帮助、说服家长采取正确的方式教育子女，让家长如实地反映学生的情况，千万不能因溺爱而隐瞒、袒护孩子的过失。

放任不管型家长。接待这类家长，教师要先报喜，后报忧，使家长意识到孩子身上有优点，也有很好的发展前途，激发家长对孩子的爱心与期望的心理，改变放任不管的态度，吸引他们主动参与教育孩子的活动。同时要委婉地指出放任不管是对孩子不负责任，使家长明白，孩子生长在一个缺乏关爱的家庭中是很痛苦的，从而增强家长对孩子的关心程度，加强家长与孩子之间的感情，为学生创造一个良好的家庭环境。

气势汹汹的家长。王博的父亲就属于这类家长，接待时要像崔贤芬那样沉住气，不可操之过急。先安抚，后讲道理。要适当地表示出热情、友好的态度，这样可以轻易渡过尴尬、困窘的场合，既能赢得家长的好感，还能体现自己的宽容大度，从而使问题向有利的方向转化。

简单惩罚，不如喻之以理

教师对学生的教育，任何简单粗暴的方法都会与所希望的结果背道而驰。如果教师缺乏艺术性的教育方法与家长简单粗暴的方法复加在一起，就会产生教育的不幸事件。发生在俄罗斯的一个引人深思的教育案例，对教师如何与家长联合施教有重要的警示意义。

有个活泼好动的男孩叫尤拉。女教师发现他在课堂上总坐不安、站不稳，还随便讲话，有时折纸飞机，趁老师回转身时放出去，惹得同学们哄堂大笑……教师简直没法上课。女教师想个简单的办法：到家里找尤拉的母亲“告状”，列举了尤拉调皮捣蛋的行为。女教师和尤拉的母亲约定，由她每天把尤拉的不良行为记在学生手册里，由母亲“采取措施”。有一天：母亲看到手册里女教师写的“记事”，大发雷霆，狠狠地打了儿子几巴掌，还用皮带抽他。

尤拉惊呆了，他从来没受过这样的痛楚和屈辱。从此以后，尤拉变了。他常常阴郁地、悲愤地坐在窗前，好像对一切都无动于衷。

几天以后，母亲又要看尤拉的学生手册，他说他弄丢了。母亲又使用老办法——皮带炒肉。从这次挨打以后，原来那个活泼的、精力旺盛的孩子，现在变得沉闷、孤僻。他很少抬头，避免和教师的眼光相遇，当这种相遇无法避免时，女教师在他的眼里看到的是愤怒和绝望。从前尤拉是个诚实、正直、坦率的孩子，现在居然说谎了。女教师决心一定要改正他的坏毛病。她提高了“警惕”，密切注视尤拉的一举一动，更加起劲地在学生手册里写他的一切过错。而尤拉又一连“弄丢”了好几本学生手册。女教师总是重新给他弄本新的，并幸灾乐祸地说：“学校的便利店里有很多学生手册，你弄丢了，我就再给你买。”尤拉呢，他决心把学校便利店里的那一捆手册给“消灭掉”。

著名教育家蔡元培说："教育是帮助被教育的人，给他能发展自己的能力，完成他的人格，于人类文化上尽一分子责任。"

一次放学，他躲在教室的凳子底下，等到晚上，从窗户里爬出去，撬开便利店的门，拿走了那一捆学生手册，在学校花园里刨个坑，把这些可恨的学生手册"埋葬"了。这一次，感到幸灾乐祸的不是教师，而是尤拉。现在尤拉已经不像是折纸飞机时那样，只是一时的调皮、好动，而是有意捣蛋了，当老师检查学生手册时，他不屑一顾地说："噢，你要学生手册嘛，我弄丢了。"女教师仍旧派值日生去便利店"再拿一本"！可值日生回来说："便利店失窃，所有的手册不见了。"女教师不肯罢休，就用写字本裁装一个临时手册。

正当女教师把这个学生手册递给尤拉的时候，生物老师来了，他说在带领学生劳动时，挖出一捆沾满泥土的本子。于是许多人说尤拉是小偷，而尤拉坚决不肯承认。事情闹大了。学校决定把尤拉的母亲喊来，叫她狠狠地揍他一顿。母亲一边打孩子，一边暗自流泪。尤拉变得更凶狠了，他更加处心积虑地跟女教师作对，反抗她的管教。

有一次尤拉发现，当同学中有人咳嗽时，女教师就要皱眉头。于是他在每一节课上都要咳嗽，有时竟一连咳嗽好几分钟。女教师又准备把这种过错写在手册里，就说："把学生手册给我！"尤拉终于无法忍耐了，他从口袋里掏出那本揉皱的小本子，把它撕得粉碎，摔在桌子上，喊到："去你的吧，该死的手册！"尤拉每天上学就是为了与老师作对，他没有心思学任何东西。

在学生犯错误时教师请家长，如果方法不得当，在伤害学生自尊心的同时，还会使问题朝相反的方向发展。中学时期，正是青少年独立意识形成的时期，他们渴望被尊重和信任。当教师请家长的时候，他们不愿意由于自己的错误行为而牵连家长，更不想事事要家长来解决。当家长被请来时，有的学生出于老师和家长的压力，不得已地承认自己的错误，并没有从根本上真正地认识错误而加以改正。像尤拉的母亲那样，知道孩子犯错误就是一顿打，反而起了副作用。如果像上面几个讲教育艺术的教师那样，在请家长时，能够把话说得恰到好处，问题处理得有礼、有节，就能真正起到触动学生心灵、使他们改正不足的目的。

第四章

学生进步，教育机制是关键

小帝企鹅在“学校”听老师的话，日子过得很开心，等父母回来时才把他们接回去。在“学校”里的小帝企鹅也会遭受凶禽、猛兽的侵袭，每当这时，“老师”便会发出救急信号，招呼邻居前来增援，对来犯之敌群起而攻之，小帝企鹅集体意识和战斗精神就这样一步步形成了。

帝企鹅教育的使命是，用教师的智慧使学生获得学业上的突破，使每个学生都能够获得适应社会快速发展的能力。

向最高标准看齐，教育必以德性为本

主导学生学业进步的是其内心积极向上的思想意识，如果教师不从帮助学生形成健全人格的角度去施教，只一味地强调课业，不会培养出真正的人才。

孙维刚曾对同行说："许多人认为多元时代，做人没有唯一的标准，但我认为做人还是有最高标准，比如正派、诚实、无私，这些无论在什么时代都是做人的最高标准。"他希望学生"做一个由于自己的存在，而使别人生活更幸福的人"。也许这些话听起来显得有些像唱高调，但是孙维刚就有本事把这种思想潜移默化地植入学生的心灵。

孙维刚带的第三轮实验班高考前，班里综合评分在前15名的同学都坚决表示：不参评三好学生，放弃高考10分加分。高考，差出一分就有可能差出一操场的人，10分，这是多么重要的分数。当时北京市规定，市级三好学生高考可以加10分，这对于考生来说有多么重要，何况班里已分配到四个市三好生的名额。而这15名学生宁愿把这个机会让给其他同学。在这种事关个人前途命运的大事面前能够坦然地为他人着想，这是多么难能可贵的品质，而在孙维刚的班上这种为他人做出奉献的事情又何止是这一件。

国际奥林匹克数学竞赛的金牌得主阎珺同学，高二时就被北大提前录取，但他没有提前进入北大，他想再参加一次国际奥赛，再夺一块金牌。但是当他看到患病的孙维刚身体每况愈下时，他更想帮老师一把。于是，他用了100多个小时为班上同学作数学辅导，自己却在国际奥赛代表队选拔赛中以一分之差落选。面对这样的结局，阎珺虽然也感到有点惋惜，但是他十分坦然地说："我应该这样做，今生无悔。"

德才兼备，这就是孙维刚对学生设定的人生目标。

有个女孩子忘不了那次特殊的考试。入学前，她因生病，没能参加数学考试。孙维刚为她安排了补考。这个女孩子拿过试卷就愣了，说："老师，这份试卷我以前做过。"孙维刚乐了，"你很诚实，我收你做我的学生了。"

学生温世强的父亲至今还保留着家长会上孙维刚的一段讲话录音："一如既往，我们要坚持品德第一，学习第二。学分第二，训练发达的大脑第一。"孙英国哲学家斯宾塞说："教育的目的在于品德的形成。"

维刚最看重的是学生品德的培养和智力水平的提高。事实证明，为学生做这样的人生定位是十分必要的，如果一个中学生考入了名牌大学，却做出了违法乱纪、缺乏人文道德的事情，他的学业再出众又有什么价值呢？这样的教育又怎么能不是失败的教育呢？

孙维刚倡导学生读精英人物传记，带领学生唱红歌，从一点一滴去培养学生高尚的情操。他不放过每一个教育机会。学校劳动、运动会、各项工作任务，在他看来都是培养学生集体主义、奋斗精神的好机会。他班里的学生少不了干"苦事儿"，军训，就属他们班练得苦，公益劳动也是他们班干得最多、最卖力气，孙维刚认真啊！有些事儿在别人看来可能是"小事儿"，但是他绝不会放过锻炼学生思想品格的机会。

有一次，同学们去区里参加活动，三天没回学校上课。第四天回到学校时，只见地面、课桌上积了不少灰尘。孙维刚走上讲台，禁不住紧锁双眉，有些生气地说："有些人就是在猪圈里也能过活，在垃圾箱里也能上课。"说罢，便弯下腰去，以手拭地。大声说："都给我用手扫。"有个同学拿出一张纸划拉了几下，然后便去小心翼翼地擦自己的脏手。这时的孙维刚余怒未消，对全班同学说："都把手举起来，我要看看谁的心灵最干净。"那位以纸代手的同学望着同桌沾满灰尘的手，不敢看自己的手，更不敢看他们的孙老师。感到自己的鄙陋在一尘不染的手上暴露无遗。他惭愧地弯下腰，用手去扫地上的尘土。

孙维刚这样做看似有点不近人情，但是他让学生们记住了，要养成清洁卫生的好习惯，要有不怕脏和累的做事风格。

有一天，班上的一位男生因自行车摆放不合乎要求，让看自行车的老大爷说了几句，这位男同学认为这个老大爷太不通情理，就与他争辩了几句。孙维刚得知后，严厉地批评了这位学生。他认为，一个上了岁数的老人能为学校看自行车，并摆放得整整齐齐，是不容易的事，学生即便被错怪，也不应与老人发生争吵，有失班风。原本愤愤不平的这位男学生，被孙维刚一席话说得心服口服，主动到自行车棚向老大爷道歉。

孙维刚从来没有为学生的学习成绩发过火，但常常为他们不认真劳动、不保持教室整洁等“小事儿”发很大的脾气。一位学生家长清楚地记得，孙维刚曾为学生违反校规在操场上踢球和家长进行了长时间的沟通。当时他已身患癌症，体质相当虚弱。有时家长认为，他为一丁点的小事儿生那么大的气，伤了身体，不值得。而当他们的孩子健康地成长为一名高中生时，他们才深切地体会到孙维刚是何等地用心良苦。初中三年的严格要求，使学生们由“被人管”到“不用管”，这正是孙维刚所追求的、家长所希望的——孩子自主、自立、自律的结果。

一位好教师，会用自己的言行照亮学生的心灵。孙维刚在学生身上延续的绝不只是知识，还有理想、意志和做人的准则。当年高三 (1) 班的班长王一，家庭条件比较好，考入清华大学经济管理学院后，放假时到赛特购物中心门前擦车，上大学时每月的生活费也不超过 300 元。他说：“孙老师告诉我们，要热爱做学问的枯燥和寂寞，要学会享受不享受的享受。”孙维刚这句话，在国家倡导全国人民要勤勉、朴素的大背景下，更具有极其重要的意义。

艺术陶冶心灵，向阳花木易为春

孙维刚从小爱好音乐，年轻时曾是北京 22 中唯一的手风琴伴奏。他深知艺术对人心灵的熏陶、人格的培养有着独到的作用。但是，现在的家庭教育有一个很奇特的现象，许多家长在孩子读小学时，都在业余时间送孩子去学钢琴、提琴、手风琴等等，可是上中学后功课一紧，怕学音乐影响孩子的学习就放弃了。孙维刚认为孩子的艺术追求就这么半途而废了，是一件非常可惜的事，孙维刚鼓励自己班里的学生合理安排时间，不要丢下对艺术技能的学习和训练。

孙维刚认为各学科的知识都是触类旁通的，许多大科学家都爱好艺术，往往能在沉醉其中时获得灵感。教师关怀学生道德情操、审美情趣等方面的成长和发展，关怀学生的精神生活质量和精神成长更有利于学生综合素质的提高。也会因为这种关怀让学生走近自己，懂得自己。因此，每逢元旦，学校的晚会上都有他们班的节目，如果有外宾来校，只要学校安排他们班表演节目，他一

西班牙画家毕加索说："艺术并不是真理。艺术是谎言，然而这种谎言能教育我们认识真理。"

定会积极支持学生参加，并力求有出色的表现。

举行新年晚会之前，孙维刚一定会带领学生进行练习，激发同学们的创作力，结合学习生活排练出新颖、活泼的节目，使大家得到艺术的享受，同学们的演出水平也一年比一年有所提高。

孙维刚利用自己在音乐方面的修养，给同学们讲许多音乐知识，如：大调、小调、大和弦、小和弦、属七和弦、减七和弦、宫、商、角、羽，咏叹调、宣叙调、交响乐、轻音乐、流行音乐等等，还教一些积极向上的歌曲让同学们进行排练合唱、帮助学生练习小品。

孙维刚带的实验班爱好艺术的同学成绩也不少：李谧的钢琴、肖丽的手风琴不断升"级"，陈帆在北京市中学生书法比赛中获一等奖。每次合唱比赛，无论是学校评奖还是以区、市评奖，孙维刚的班级总能拿到很好的名次。

孙维刚班级的合唱很有自己的特色。因为合唱是一项能产生凝聚力和向心力的活动，他经常带领同学们练习合唱，师生一起陶醉在准确、动听的二声部的旋律之中，他们欢笑，他们歌唱，他们沐浴着春天的阳光，沉浸在集体欢快的氛围里，正如他们第三首班歌中所唱的："我们高二（1）班大家庭，充满着阳光，同学们互爱，像兄弟一个样。见着困难，大家抢着上，见着荣誉，大家相让，班级的生活，多么欢畅。嗨，嗨！团结就有力量，嗨！团结就有力量。"

有一次，北京市东城区教育局在少年宫剧场为全区 40 多所中学的 1000 名代表，举行大型报告会：《北京 22 中高三（1）班成长之路》。全班 15 位同学作了讲演，最后，是全班同学大合唱：《拥抱新世纪》，同学们昂扬的气势感染了在场的每一个人。

青少年的心灵是复杂多变的。面对性格各异、心态不断变化的孩子，教师要采用各种方法走进他们的心灵世界，找到属于他们的那片沃土，播下适宜他们成长的那粒种子。事实证明，孙维刚的教育和引导是全方位的，卓有成效的，也因此才成就了优秀的班集体，每个人的学业都能取得超常规的进步与提高。

话剧展情怀，敦善行而不怠

北京四中每年在语文课和英语课上都要排演话剧，利用上课的时间演出。有一年，学生话剧社准备排演一部新剧，选的是一个俄罗斯剧本。几位教师经过客观分析后跟校长刘长铭反映，这个剧本虽有特点，但不适合中学生排演。刘长铭相信教师的判断是正确的。但学生们很执着。他们挨个找主管的教师进行游说。刘长铭猜想学生最终一定会来找自己。如果断然拒绝，学生的热情会受到打击；如果同意排演，那就等于否定了教师们的正确意见，会造成今后工作的麻烦。对刘长铭来说，这是一个两难的问题。

果然，第二天话剧社社长带着前一任社长和几个话剧社骨干来找他了。他耐心听着学生的讲话，基本不插话，还不时点头。学生们显得越来越高兴，以为把校长说服了。其实他们哪里知道，他们的刘校长不可能同意他们排这个剧本，但又不想打击他们追求艺术的热情。作为校长理应支持学生的热情，但要因势利导，将学生的热情引导到所希望的方向上来。

轮到刘长铭讲话时，他先对他们演出水平不断提高给予了充分肯定，对他们不辞辛苦排演话剧和追求艺术的热情表示支持。他坦率地表示，自己已经了解了这个剧本的情况，对这个剧本的内容和价值暂不发表意见，因为自己不是专业的文艺评论者。"不过，"刘长铭用建议的口吻一字一句地说，"如果我要是你们，我就一定不演这个剧本！"学生们的表情立刻被冷冻一般僵住了。刘长铭认真地对他们说："我认为话剧社现在发展到了一个关键时期，该向前再进一步了——根据语文学习内容自创剧本，演一部真正属于你们自己独创的、属于四中独创的话剧。那才是你们下一步的目标！"刘长铭这番带有鼓励性质的话打动了学生。

"那您有什么想法呀？有什么可编的呢？"有个学生问道。

"很多呀。"刘长铭接着说，"就从你们的课本中找，我看《鸿门宴》就不错。你们的剧本要是能表现那么复杂的冲突，把那种斗智斗勇的情景再现出来，一定会很精彩，而且直到现在我还没听说过有哪个剧种演过这个故事，你们就创作一部吧。"

北京四中现任校长刘长铭说："我们常说，学校文化是育人的沃土。实际上，教育故事就是学校文化的载体。作为教师，留下故事就是留下智慧、留下财富、留下文化。"

第二天，社长同学又找到刘长铭说："我们回去讨论了一下，认为您的这个主意不行。"

"为什么？"刘长铭心里咯噔一下，很诧异。

"因为里面没有女生戏。"听了这话他松了一口气。显然，学生们还是接受了他的建议，还有希望创作一个本子来表演。

下班路上，刘长铭边走边想，于是想到了《郑伯克段于鄢》。这个故事是《古文观止》的第一篇，也是他今生读到的第一篇古文，很熟悉。

学生们对这个故事进行了深入研究。不知道他们从什么材料里得知共叔段曾有一名侍女，这就是邓婉的原型；婉儿舞剑刺杀庄公，纯粹是他们编出的情节。但学生毕竟年少，缺少生活经历，缺少人生情感体验，剧本越编越感到困难，于是请求寒露老师最终将剧本创作完成。也许是出于对学生的鼓励和尊重，寒露在剧中保留了一些学生创作的痕迹。四中历史上第一部原创大型话剧《郑伯克段于鄢》(后文简称《郑》)就这样诞生了。

这部话剧排练完成后，上演了几场。那时北京四中的礼堂还未竣工，演出是在报告厅进行，尽管条件简陋，但他们还是将全剧演完了，表现出了极大的热情。现在北京四中校史馆里有一张学生演话剧的照片，就是那时拍的。第二年，一群志同道合的教师组成了话剧社，开始排演《郑》剧，这是四中历史上的第一次，排演时常有学生去观看。

临放寒假前的三天，教师的《郑》剧首次公演，在社会上引起很大反响。也许讲台经验和舞台经验是相通的，教师们演得入情入戏，超乎想象，可以说达到了业余演出的最高水准。教师毕竟是成年人，生活体验多，对人物情感的理解和刻画都比学生要好很多。许多来观看的师生、家长和客人都感动得流了泪。很多观众说，话剧引发了我们的思考——如何对待孩子，如何对待亲人和亲情。这也正是刘长铭所期望的，他最看重的是这个故事的结局——人性战胜了权欲，冲破了帝王誓言的禁锢，最终放出灿烂的光芒。人性是一个严肃的问题，也是北京四中几年来不断思索的教育问题。北京四中的理念是以人育人，只有教师成为富有人性之人，培养学生善良的人性才有可能。

《郑》剧首演后，北京四中的艺术品位悄然发生了变化。第二年的话剧节上出现了往年不曾有过的盛况：全校各班所排演的几十部话剧全部是正剧，没有一部是荒诞搞笑的，演出水平也有了极大提高。其中《穆斯林的葬礼》《是个问题》等都是原创，并获得了一等奖。在北京西城区英语话剧比赛中，四中学生的话剧《威尼斯商人》获得一等奖第一名。一位评委在点评时感慨地说，这么多年他看了这么多场学生演的《威尼斯商人》，四中学生演出的这场是他感觉最带劲儿的一场！

《郑》剧第二次上演，是教师为学生的爱心社募集善款而举办的义演，其中第二场的主要观众是来自各地参加全国校刊评比与校园文化研讨会的几百位老师，还有几十位在京的台商以及国台办的领导。教师们的行为深深感动了学生。三天的演出当中，全体“爱心社”的学生担任志愿者，负责全部组织工作，无一人请假。后来，学生写了一封感谢信在教师大会上宣读。听着学生发自内心的话语，刘长铭心里感慨万千。演出结束后大约一周，台湾中华文化交流协会发来邀请函，邀请四中教师赴台演出。

《郑》剧取得良好社会效果以后，刘长铭对这件事进行了反思和评估，得出了这样的结论：

1. 时刻注意保护学生的热情

当学生的想法和做法与教育方向不一致时，教师可以制止或纠正学生要做的事情或做事的方式，但不要伤害他们做事的热情。作为教育者和管理者，有职责所赋的权利来决定学生可以做什么和不可以做什么，但是不能用简单的方式让学生心悦诚服地接受教师的意见。行为上的屈从不等于情感上的认可。如果教师因简单的制止而引起情绪和情感的对立，那就会阻断师生之间正常的沟通，这时，后续的教育和引导将无法进行，教育将归于失败。巧妙的引导是比简单地说“不”更好的办法，保持沟通是确保教育产生奇效的基本前提。

2. 正视教育的效益与成本

针对《郑》剧的成本而言，第一次上演所花费用大约4万元，主要是舞台布景、服装道具和租用音响设备的费用，教师的排演是义务的。加上第二次公演，费用总计10万元左右，其中半数以上是租用音响设备的支出。10万元对学校来讲是一笔不小的开支，但从另一个角度看，10万元大约仅是专业团体排演同样规模话剧费用的十分之一甚至几十分之一，也差不多是包一次话剧专场或是看几场教育电影的费用。可是，从效果上看，10万元能否使师生追求艺术的愿望得到如此的满足，能否使学校的艺术品位得到如此的提升，能否使师生的内心获得如此的感动，能否使师生获得如此的幸福感和满足感，能否在社会上产生如此的正向影响，能否使如此多的人对家庭、对人性、对亲情、对教育产生如此深刻的思考与感悟呢？刘长铭认为，如果每一个10万元投入都能产生如此效果的话，这样的教育就是很高效的了。

《郑》剧在北京四中的历史上、在社会上以及在每一个参与者心中有着很深远的影响。这个话剧不论在其创造过程中还是其本身所蕴含的精神元素，会永久存留于每一个亲历者的心中。这样的效果又怎么能是用金钱来衡量呢？

关注自闭学生，学业以讲求而成

人的行为是心灵的影像投放，教师要在工作中善于发现学生的问题，敏锐地抓住学生的问题进行心理分析，从而运用相应的教育策略，更加有效地促进学生的成长与发展。

英语教师林艳杰在一个秋天加入了北京四中的教师团队。作为刚刚走出大学校园的青年教师来说，对初中生的一切都感到新鲜，眼睛里充满了好奇，想把学生的言行举止都留在大脑的屏幕上。在入学军训的时候，林艳杰注意到了一个女孩子，她常常一个人徘徊在操场的某个角落，总是一个人默默地在思索着些什么。出于对她的关心，林艳杰向班主任咨询了这个孩子的特点，得知她的性格有些自闭，不禁心里一颤，因为她知道自闭这种心理问题对一个孩子的成长有很大的负面影响。

这天夜里林艳杰夜不能寐，满脑子想的都是怎样去帮助这个女孩子，怎样才能走进她的内心世界。主动出击。夜越来越深了，辗转反侧的林艳杰想出了主动出击的办法。

德国哲学家康德说：“人只有靠教育才能成人，人完全是教育的结果。”

第二天，林艳杰开始了与这个女孩子真正意义上的接触。问她为什么一个人玩，她说不知道要和同学们聊些什么。很显然，她对于林艳杰的突然出现感觉很惊讶，但她并没有持排斥的态度，她慢慢地给林艳杰讲述了自己的暑假生活，慢慢地述说了家里的故事。就这样，军训过程中，林艳杰和这个女孩之间有了很多次的交流。林艳杰鼓励她走到同学中去，她在那里也有了一个新朋友。

女孩问林艳杰教什么科目，她说教英语。得知这个消息后，女孩的眼睛马上就黯淡了下来，林艳杰注意到了这点，马上问道：“怎么，你不喜欢英语吗？”“是啊，极其厌恶。”她说出了对英语的感觉。林艳杰说：“那怎么办啊？老师这么喜欢你，多希望你能学好英语呀。”她说，“您知道吗？我也特别喜欢您，我是第一次遇到您这么亲切的老师，我也好想把英语学好，只怕心有余而力不足呀。”说话时一脸苦相。林艳杰鼓励她说：“没关系的，咱们可以慢慢把英语学好，我也欢迎你来找我问问题。”军训生活很快结束了，开始了初中里的第一个学期。

林艳杰初次登上讲台，讲课时不那么从容、淡定，害怕紧张的心态被孩子们看穿。每天她都认真备课。慢慢地，林艳杰习惯了教学生活，也变得从容了。她在课上注意到了这个女孩子的各种小变化，她每节课都认真地记笔记，也努力去听老师读讲的英语。林艳杰也经常叫她起来回答问题。后来，她居然主动找林艳杰问问题了，看见她的变化，林艳杰别提多高兴了。再后来，放学后她就会到林艳杰的办公室去问问题，林艳杰和她接触的机会就越来越多了。有一天，林艳杰在办公室里接到女孩妈妈的电话，她告诉林艳杰说，女儿每天回去都说她有多喜欢英语老师，每天都花大量的时间学习英语。她妈妈对女儿的这种变化很惊喜。林艳杰听到家长这么说很是欣慰。心想，这就是她走出自闭的开端吧。

期中考试时女孩的英语成绩跟小学时比有了很大的进步，但还需要继续恶补。女孩的语文成绩很好，语文老师告诉林艳杰是因为她作文分数高，她写的是自己和林艳杰的故事。林艳杰听完语文老师的讲述很激动，便认真读了她的作文。从女孩的作文里，知道她小学时候英语是多么的弱，上初中后十分迫切地想学好英语。原来她是那样地喜欢自己的英语老师，远远超出林艳杰的想象，读着她的作文林艳杰被感动得热泪盈眶。后来林艳杰继续鼓励她，也感觉到了她性格上的许多变化，整个人都变得乐观向上了。

有研究表明，人的性格是逐步定型的，一般高中之后已趋于稳定状态。教师的责任是，做好学生性格类型的判定，判断出他们在某种条件下可能发生的行为，有针对性地安排他们的学习和生活，使他们更好地成长，顺利完成稳定前的性格塑造。

林艳杰认为帮助自闭女孩改变内向的性格，是她职业生涯第一年里最大的成就。在以后的工作中，她会继续对每个孩子给以细心的关注，主动帮助性格特殊的孩子，促使他们在成长的过程中逐步完善性格与人格。

纠正 B 课，春风化雨润心田

教育和教学是相互依存的关系，教师的教育结果往往蕴含在教学成果——学生学业的进步之中。教师只有以明确、客观的态度对教育和教学的关系，对学生的管理和教育工作才能落到实处并卓有成效。

北京四中为了保持具有良好的教学秩序，采用了课堂评价机制。根据学生上课时的纪律情况，如是否做了与课堂无关的事情、是否认真做笔记、学具是否准备齐全等，任课教师可以酌情评出 A、B、C、D 四个等级。这样做的本意是，利用学生的集体荣誉感约束学生个人的行为，也可以使班主任及时了解课堂情况，对学生进行适当的教育。由于要进行评比，评比结果还要在班主任会或年级会上公布，因此，班主任对于此事还是非常重视的。所以，对于被评为 B 课的班级一定会追究是谁的问题，进行批评教育。数学教师李京兰所带的班级决定，除了追究谁的问题还要写 1000 字的说明。

有一次，班里的一个男生因为在课堂上帮助学习委员整理卷子，被任课教师发现，以“做与课堂无关的事情”为由给了一节 B 课。这个男生下课后就主动找到李京兰，原原本本地讲述了事情的经过，并承认了自己的错误。这个男德国哲学家赫尔巴特说：“我想不到有任何‘无教学的教育’，正如在相反方面，我不承认有任何‘无教育的教学’。”

生在叙述事情经过的时候，李京兰明显感到他十分地紧张。她看着孩子战战兢兢地看着自己，似乎在准备接受一次严厉的批评，李京兰的心里突然不知是一种什么滋味。心想，孩子既然是主动来承认错误，说明他已经认识到即便是为班级做事，也不应该利用上课的时间来做。李京兰决定原谅他，给他改正的机会。于是心平气和地对他说：“既然你认识到自己的问题了，那么，老师希望以后你能正确处理为班级做事和认真上课的关系。好了，你走吧。”他惊愕地看着李京兰问：“没别的了？”她微笑地说：“没了。你还有什么要补充的吗？”他急忙说：“没有。谢谢老师，再见。”接着就高兴得一溜烟地跑了出去。

晚上，李京兰收到这个男孩妈妈的短信，说孩子回去后主动和她说了今天课上发生的事，他没想到老师会如此宽容，他向妈妈保证，今后再也不会出现类似的问题。男孩的妈妈还说，小学的时候，也发生过类似的事情，语文课上，老师扔掉了他的本不应该在课上出现的东西。从此，他对语文课失去了兴趣，语文成绩也一落千丈。家长十分感谢李京兰用这样的态度来处理这个问题，既让孩子认识到问题所在，又没有伤害到他的自尊心。

李京兰看到家长的短消息，既欣慰也暗自庆幸自己当时能冷静地处理这个问题。否则，会给孩子的内心造成伤害。尽管的确是孩子的不对，但他是孩子，有的时候，他可能出于种种原因，犯了错误，只要能认识到，教师就应该本着宽容的心去对待他们，给他们改正的机会。

这个男孩此后再没出现类似的问题，而且学习劲头越来越足，在以后的几次大的考试中都取得了优异的成绩。后来，班上改选班干部，他还如愿以偿地竞选上了学习委员，工作十分尽职尽责。

李京兰没想到，一节出现问题的B课，能成为一个男孩奋发图强的转折点。经过此事，她进行了反思。四中的教育理念是“以人育人，共同发展”。可以说，教师的一言一行，处事的方式，对学生的教育都起着潜移默化的作用，直接体现在学生学业进步这个非常直观的结果上。

李京兰通过这件事深刻地领悟了国外流行的《育儿歌》的歌词：“挑剔中成

长的孩子学会苛责；敌意中成长的孩子学会争斗；讥笑中成长的孩子学会羞怯；羞辱中成长的孩子学会自疚；宽容中成长的孩子学会忍让；鼓励中成长的孩子学会自信；支持中成长的孩子学会信任；赞同中成长的孩子学会自爱；友爱中成长的孩子学会关怀。”初中阶段的孩子，他们内心还不够成熟，难免会出现这样那样的问题，适当的批评教育必不可少，但宽容、支持、赞同、友爱有时却能起到意想不到的教育效果。

作为一个集体，班级的荣誉固然重要，但有时为了班级荣誉误伤到学生就是得不偿失。作为教师处理学生所犯错误时，说话一定要三思而后行，要即能起到教育作用，也要给他关怀和鼓励。这样，教师才能和孩子建立彼此间的信任，和孩子建立和谐的师生关系。虽然，扔掉孩子东西的语文老师一定也是出于对孩子的严格要求，从某种意义上说也是一种关心，但如果教师能把这种关心换个方式呈现出来，可能更容易被孩子接受。多一些宽容和理解，多一些春风化雨般的滋润，孩子会成长得更加茁壮和健康。

拳拳之心在激励，洒向千峰秋叶丹

每一位学生的身上都有闪光点，这个闪光点如果被放大了就可以照亮其一生所走的道路。教师因材施教就在于强化闪光点、发展学生的兴趣爱好，使他们在自己喜欢的事情中走得更远。

处于班级中间段的学生也许学习不够好，但心地善良；也许经常给班里扣分，却能够热心地帮助别人；也许长相平庸，却有着一副天籁般的嗓子或不常见的才艺……对于这样的学生教师不但要给予更多的关注，还要多给予鼓励和支持。

方芳担任班主任的班级有一位名叫 Jack 的男生，在学校里一直以奇思妙想而著名。据说在前任班主任结婚时，他代表全班同学送去两双鞋垫，其用意是希望两人永远携手向前走，“送鞋垫”之事在整个校园里被传为佳话。

方芳是在高二时接的这个班。金秋十月，每个班都在为运动会做着准备，同学们在练队、宣传、打磨个人项目，争取每项活动都发挥最好水平。体育组的教师对操场看台的座位做了具体安排，要求每个班在操场看台所在的位置前挂上展现本班特色的宣传条幅，学生们对此非常上心。方芳只要有空就叮嘱 Jack，一定要把这次工作做好。每次问 Jack 进展得怎么样的时候，他也总是信心满满地说："您放心，正弄着呢。"

北京四中英语教师方芳说："教师通常会特别关注'两头儿'的学生。一头是成绩优异、性格外向的学生，另一头是成绩有待提高或经常违反纪律的学生，而处于中间段的学生容易被忽视。因此，教师要经常调整视角，给中间段的学生更多的支持和鼓励。"

运动会开幕那天，学生处的教师在正对着看台的地方向方芳招手，示意她过去。方芳赶忙走到她身边，却被问道："你们班怎么没有宣传的横幅啊？"方芳很诧异，说："不可能。我们班提前一个多月就准备了啊！"这位老师指着他们班所在的位置说："你们班看台那明明是空的啊！"方芳放眼看过去，可不是嘛，别的班的条幅花花绿绿非常显眼，而只有自己的班还光秃秃的。她赶快跑回自己班所在的位置，想问个究竟。

Jack 指了指看台栏杆中间挂着的一个东西对方芳说："有啊！这不就是吗。"她一看，好家伙，是用铁丝衣架窝成的一条粗壮有力的大腿，脚上还穿着一只耐克鞋。因为是采用镂空的方法制作的，再加上铁丝配铁栏杆，只有来到近前才能看清它的纹理，要是从远处能看到才叫怪呢。出现这种情况，一般的教师可能会埋怨学生做得不够好，气盛者还有可能大发雷霆。但是一向以个性见长、教育方法独特的方芳一点也没生气。她认为 Jack 制作的班标可称为富有创意的杰作，一条肌肉感强烈的大腿都被完美地表现出来，体现了运动员的力量美。方芳惊叹于 Jack 的想象力和动手能力。于是，拍了拍他的肩膀，说："真好，老师为你骄傲。"虽然因为他的奇特设计太另类，班级没有评上文明风尚奖，但是全班同学都被他的创意所折服。

在后来的学校活动中，这样的事情还发生了很多次，比如，舞会上他们班的装饰是摆成羊肉串的"串"字的霓虹灯，挂于篮球馆的一角；高二下学期的黑板报是全黑颜色的纸拼成的图案；高三倒计时标牌是用摁钉摆成的"心"字，一天拔掉一颗，直至最后一天；在一次做建筑项目的展示时，Jack 在 PPT 上重新规划了校园，就连垃圾桶也被他用不同图案设计所覆盖……每一次，方芳都为 Jack 的创意送出真诚的赞美。作为教师她知道，也许在某些老师的眼中，他不是传统意义上的好学生，但方芳欣赏他的才能，并且认为他以后一定能成大器。

Jack 后来如愿以偿地考取了清华大学建筑系。方芳相信在不久的将来．就会有一个建筑奇才出现在众人的视野里。

在方芳任课的班级里还有一位叫 Wei 的男生，家境不富裕，因为方芳不是他的班主任，开始时对这一点并不知情，只是觉得他比其他孩子更显成熟。一次看走廊里展示优秀作文，其中一篇题目为《茶香》的文章是 Wei 写的。文中提到她的妈妈喜欢绿茶，而爸爸喜欢花茶，一家人品茶时其乐融融的景象写得十分细腻、婉约，读后会给人留下深刻的印象。一个偶然的机会方芳跟班主任聊起他，才知道他的家庭情况：妈妈由于身体不好，一直没有出去工作，而爸爸只是一个普通的工人，Wei 每学期都会接受学校的资助，但为了保护学生的隐私，这样的信息是不对外公布的。

北京四中英语组有个传统，就是把阅读英文小说当作英语学习必不可少的一部分，每个学期要求学生读两本英文小说，摘抄好句子、写读书笔记。买英语小说对家境较好的同学也许不算是什么问题，对 Wei 却是一笔不小的开支，方芳决定帮助他。可怎么才能既不伤害他的自尊心，又能够让他欣然接受老师的帮助呢？

在一次下课的时候，方芳和 Wei 随意地聊着天，她说：“你的作文写得真好，是不是很喜欢文学呀？现在在读什么英文小说？老师上学的时候读的小说现在还保存着，要不要看看呀？”而后他跟方芳来到办公室，方芳打开书柜说：“因为你文学功底那么深厚，所以作为奖励，老师的书读得好就可以再借第二本。”

方芳永远也忘不了 Wei 当时的表情，一脸的喜悦与感激。Wei 很认真地挑选着，选中了一本，向方芳深深地鞠了一躬，想必敏感的孩子早已知道老师的用意。后来的日子，他与方芳形成了默契，经常来换书并交流读后感。Wei 是在高中三年时间里读英语小说最多的孩子。毕业后，他依然与方芳保持联系。逢年过节，必会接到他的问候。天气不好时也会叮嘱方芳多注意保暖，学期中会告诉方芳注意休息，别太累了。方芳与 Wei 的交流中感受到，当学生愿意和老师交流学科之外的事情的时候，当学生离开学校多年后依旧记挂着你的时候，就证明他真的喜欢你，把你当成良师益友了。

从方芳的故事可以给人带来这样的启示：教师对学生的欣赏和鼓励，不应限于课上，也更不只是对学生学习的赞美。学生某一方面的特长，需要教师的肯定；生活中的困难和迷惑，需要教师的鼓励和帮助。语言也不是表扬的唯一方式。有的时候，课上一个微笑，一个赞许的眼神，课下和学生的有力的握手、拍拍肩膀，甚至一个拥抱，都是对学生发自内心的支持和鼓励。当教师用实际行动表示对学生的欣赏时，就获得了他们的信赖，彼此的沟通和交流就更加顺畅与深入。

把握教育初衷，则知明而行无过

为批评“断后”是一件复杂的事情，但是如果没有这个“断后”或做得不够好，就会把学生推向反面，严重者会使学业一落千丈，懂得教育初衷的教师，无论多么劳心费力，都会把“断后”做到极致，让学生明白教师的良苦用心。

新学期开学的第一天，北京四中的语文教师郭杰对全班同学说：“请大家到科代表那里看一下自己暑假作业的成绩，如果有问题及时找我，星期五我就上交分数了。”郭杰说完把成绩单交给科代表。三天后，郭杰从科代表手里拿回了记分册，准备登录系统、上传分数。突然，小美同学的成绩栏让她停下了目光。她的 78 分，已经改为了 98 分，可是问题的关键是，郭杰可以肯定地确定，这个分数不是自己改的，那么……询问科代表，他也否认自己改过成绩，结论已经慢慢浮出水面，只可能是既得利益者——小美做了手脚。这能是真的吗？她怎么会有这么大的胆子？郭杰看着面前的成绩单，既感到疑惑也意识到了问题的严重性。

郭杰决定找小美谈一谈这件事。小美呢，也大大方方地来到她的办公室，四目相对时，小美表现得很坦然。郭杰问道：“你没找过我，暑假作业的分数为

北京四中语文教师郭杰说：“心里怀着畏惧与厌烦，带来的只有疏远；只有心怀善意与感激，才能让学生与教师彼此走近，甚至亲密无间。”

什么变成了98分呢？”郭杰拿着手里的底单和科代表手中的记分册，分别给小美看。想来小美没想到面前的郭老师还有份底单吧，眼神掠过一丝慌乱，但是马上镇定自若地说：“我拿给科代表了，是他改的。”

郭杰知道小美在说谎，因为她之前已经询问过科代表。但是令郭杰没想到的是，小美事到如今还能如此淡定地说谎。气愤已经在郭杰的心里滋长起来，她说：“好，那请把作业拿给我看一下。”过了一节课，小美抱着作业来到郭杰面前。这又让郭杰感到意外了，她还真拿出了作业。郭杰简单地翻看了一下，心中已然有数，这并不是她的作业。“小美，和老师说实话，好吗？科代表说他没有见到过你的作业，也没帮你改过分数。”郭杰压下心里的气愤，说话语气和缓，用善意的目光看着小美。这时小美不得不说了实话：“是的，是我自己改的，可我觉得也没什么吧，我确实写了作业，当时科代表正好不在，我才自己改的……”看她不把修改分数当回事，几番交流下来，小美全是满不在乎的神情，郭杰心里很是失望，严肃地对她说：“小美，你的表现让我很遗憾，我希望你能坦诚，否则我要请你家长了。”小美愣了一下，说：“请就请，我说的都是实话。”她明知犯错却还是如此强势，郭杰决定必须让她意识到问题的严重性。

在会客室里，郭杰和家长坐在小美的对面，这是她有意设计的。小美局促了一些，但依然不觉得自己的做法有多么严重。郭杰提高了音量，语气也刻意严厉多了。“我没想到，你到现在依然把擅自改动成绩说得如此轻描淡写，更没想到，你到现在都不说实话。可以把你的作业给妈妈看看吗？”她递给了妈妈，妈妈看了看，放在一旁。“您仔细看看。”郭杰提醒说。小美的妈妈翻着翻着，竟然翻到了班里其他孩子的姓名。到了这个地步，小美依然在做最后挣扎：“可能混进去一张别人的。”郭杰看着依然不说实话的小美，彻底愤怒了：“好，哪些是你写的，挑出来。”最终的结果，正如郭杰当初翻开时发现的，她用别人的作业代替自己的，而且竟然敢拿到老师的面前来展示，竟然在家长面前依然睁眼说瞎话。这种把老师和家长都当作“白痴”的行为被彻底揭穿时，她一下子哭了。她妈妈也感到十分震惊，说："我真没想到她会这样做。"

郭杰看着低声哭泣的小美，知道这回她是真的有所触动了。郭杰本来不想这样做，但是小美肆无忌惮地糊弄老师和接二连三地说谎，让郭杰意识到，必须让她为自己的错误付出代价。但是看着尴尬的小美和她的妈妈，郭杰意识到一个新的问题出现了。今天小美上演了这么狼狈的一幕，今后她会如何面对老师？如何面对语文学习？很有可能是一蹶不振，绕道而行。这不是郭杰所要的结果。作为教师留作业、找家长的初衷是什么？不仅仅是简单揭露事情的真相，让家长得知她的错误。教育的初衷应该是让孩子认真对待学习，帮助她在原有的基础上爱学、乐学，不断进步，而不是远离老师，远离学校。这件事情不能到此为止。

郭杰想到这里觉得必须给小美一个台阶下，给她一个认真对待学业的机会。

于是，郭杰调整了之前严厉的语气，以十分亲和的口吻对小美说："如果不是你一再欺骗、糊弄老师，不会把这件事情弄到今天这么尴尬的境地。记住，以后不要欺骗老师，更不要欺骗你自己。当然，你也领教了老师的明察秋毫，相信再也不会这样做了。"小美点了点头，但眼中仍然有丝丝畏惧。郭杰继续语重心长地说："从今天起，我再也不会提起这件事了，也会从心里真正忘记这件事情，因为我相信你只是一时偷懒，一念之差。我希望你从今天起会好好学习语文。"小美一下子振作了，充满期待地说："真的吗？可是我对语文没兴趣怎么办，小学六年我一直不喜欢语文，我也没有信心学好……"郭杰见小美说出了真心话，就笑了："原来如此呀，那说明你和语文老师走得还不近。这样吧，你每天来我办公室，给我端茶倒水，然后就有机会和语文老师没事聊聊天，你会爱上语文的。以后每天中午你吃过饭，到我办公室准时报到哦，帮我判判测验小卷什么的，就和我的科代表一样呀；每节语文课争取回答一个问题，好不好呀。"郭杰刻意在说每句话时加了一些俏皮的尾音，为了活跃氛围，又说了一些语文学习的小窍门，和小美轻松地聊了一会。当小美和她的妈妈离开郭杰的办公室时，她的情绪好多了。

此后，小美真的每天如约前来，和郭杰聊聊天，争着判每天的字词听写。

语文学习比较上心了，后来连文言文的复习也非常到位，郭杰在全班表扬了她好几次，她心里美美的，学习劲头更足了，也越来越有信心。随着交流的深入，小美也慢慢发现，语文郭老师不仅是个明察秋毫、严格要求学生、眼里不揉沙子的老师，还和她有很多兴趣相同点，两人经常一起聊服装、聊美食、聊八卦……小美变得越来越依赖郭杰，而她也真的再没提起那件事。

过新年的时候郭杰看着小美发给她的祝福短信，深感欣慰。她庆幸在批评教育小美的时候，给了她一个台阶，给了她一个亲近语文的机会。庆幸自己没有用简单的惩罚，把孩子推向教育的另一端。

以后在教育学生时，郭杰总会时刻提醒自己：想想教育的初衷。给他或她一个机会吧，因为他们真的会还自己一个所希望的惊喜。

为学生“打气”，勇气炼出来

现在人们常说“职场如战场”“商场如战场”，学生将来要做冲锋陷阵的战士，这就给教师提出了一个严峻的课题——教育学生成为勇士，而不是懦夫。

美国西点军校里流行这样一句话：“假如你选择了天空，就不要渴望风和日丽。”西点人爱冒险，而冒险的首要前提就是必须克服内心的恐惧。西点人深知恐惧是获得胜利的最大障碍，一个面对困难或风险畏缩不前、怕这怕那的人是不敢渴望胜利和荣誉的。西点人需要通过胜利和荣誉证明自己的勇气和强悍。

21 世纪是一个竞争激烈、对人才的综合素质要求很高的时代。如果在学校教育中加入西点人的冒险精神，学生长大后会更加适应社会的种种变化，面对困难敢于去挑战、敢于去突破。教育就是要培养学生具有这种敢于挑战、勇于冒险的精神。唯有这样，学生才能成长为一个有所作为的人。

陈占仙是北京一所中学的班主任。有一天几个学生找到她说：“老师，咱们别参加五中运动会了。”陈占仙关切地问道：“为什么？”一个学生怯怯地说：“听说五中的学生不仅是‘学习疯子’，还是‘体育疯子’，我们根本比不过他们。”另一个学生补充说：“对，我们初中时年级的几个体育尖子都上了五中，他们个个都是‘飞毛腿’。”

听着学生们的泄气话，看着他们低头耷拉脑袋的可怜样儿，陈占仙的心里很不是滋味。

陈占仙所在的第五中学北校是由一所普通中学合并到市重点第五中学的。合并后学生既高兴，又有一种心理落差。高兴的是他们也是重点学校的学生了，但和人家本校的学生比起来自己毕竟不是“原装”。学生们虽穿上了五中的校服，但面对五中本校学生时，总觉得底气不足，凡事都自觉比人家矮一截。陈占仙知道学生有了这种自卑心理，常常会逃避竞争，放弃挑战，尤其是在重点学校学生大家同台竞技时，他们需要鼓励，增强信心和敢于挑战强者的精神。想到这，陈占仙对学生们说：“还没比赛呢，怎么就知道我们一定不行？在学习上我们和他们比可能有些差距，但体育比赛，他们跟咱们一样是‘业余水平’，只要认真刻苦地锻炼，未必比他们差。”学生们听了陈占仙的话，昂起了头，一丝丝希望从心头升腾起来。

陈占仙带的这个班经过层层选拔，推出佼佼者正式参加比赛。运动会上，学生们都鼓足了劲，团结一心，结果取得了不错的成绩。获得“二人三足跑”男子第一名、女子第二名，男子 1500 米第三名，足球射门第二名，托球跑第五名，男子团体总成绩在三十多个班中名列第六。颁奖时，同学们高兴地拥抱在一起，眼中闪着激动的泪花。看到学生们那灿烂的笑容，陈占仙为他们的成功感到分外高兴。

由于应试教育对学生的影响，分数至上的理念长期积压在他们心中，把原本一样可爱的学生分成了三六九等，作为普通学校的学生，他们中的许多人由于成绩不太理想，整天处在父母的唠叨和亲朋好友的冷眼中，存在着很强的自卑心理，有的甚至抱怨智力的先天不足，失去了信心和动力。

在这种情况下，当他们面对比自己强的对手时，不可避免地产生了低人一等的心理颓势。陈占仙用鼓励的语言帮助他们树立信心，强化拼搏意识，最后用成功证明了自身的实力，激发了他们的进取精神。

事实上，来源于进取精神的挑战意识，是战胜困难、危险甚至灾祸的最好武器。人生路上会有许多坎坷，只有敢于应对挑战的人才能把握成功的机会。

清代学者王国维说：“教育不足造英雄与天才，而英雄与天才自不可无陶冶之教育。”

教师要特别注重培养学生的挑战意识，让他们具备做强者的精神品格。

美国总统艾森豪威尔小时候，有一次去叔叔家玩。叔叔的房子后面养了一对大鹅，那只大公鹅见到艾森豪威尔便伸直脖子，发出怪叫声向他冲来。惊恐万分的艾森豪威尔拼命地跑，冲进房内向大人们哭诉刚才惊恐的一幕。但是叔叔没有安慰他，而是找来一把用旧的笤帚，剪去枝条，只留下短粗结实的把子交给他，并教他如何使用这件武器。

叔叔当着大家的面说：“这次我们的小艾克（艾森豪威尔的昵称）有了武器，一定会胜利的。”小艾克受到激励，扛着笤帚，勇敢地走出了屋子。当大公鹅再次凶猛地冲过来时，小艾克鼓足勇气，挥舞起笤帚冲向了公鹅。夺路而逃的大公鹅屁股上结结实实地挨了一笤帚，从此再不敢欺负他了。后来，艾森豪威尔回忆说：“从那以后，我信心倍增，简直成了这个院子的万物之主。由此我懂得了一个道理——战能胜敌，强则自立。”

由此可见，一种优秀的品质是可以培养、锻炼出来的。

其实，在孩子的成长过程中，每个人都会遇到自己的“大公鹅”。这就需要他们鼓起勇气去迎接它、战胜它，而不是退缩。只有这样，才能征服挡在人生征途上的“大公鹅”。

勇气，作为一种不可缺少的素质，能在关键时刻激发人的力量和燃起思想的火焰。因为，当你面对困难的时候，只有增强勇气，才能正视困难，才能不被困难吓倒，才能找到解决困难的办法。关于这方面，教师在日常的教育中要特别注意以下两点：一、经常鼓励学生要勇敢地面对一切，敢于质疑，敢于向权威、向困难挑战。二、培养他们敢于冒险的精神。在冒险中找到更新鲜、更有生气的感觉。当然，教师要提醒学生冒险不等于蛮干。

学生正走在成长的道路上，缺少一些勇气、信心亦无可厚非。也正因为如此，才需要教师对他们多加鼓励、支持、提携。使他们在学校生活中，经过各种锻炼变得更强大、更成熟，变懦弱和胆怯为勇敢和坚强，从内心生长出主动挑战、不断进取的超凡力量。

为集体服务，重在相机诱导

教师要把实现教育的核心目的——学生进步、奋发图强作为对学生进行品格锻炼的指南。当发现学生做出有利集体的行为时，一定要用激励的话加以肯定和鼓舞。

心理学家曾经做过一个著名的恒河猴试验：将一群恒河猴群体喂养，而将有的恒河猴单独喂养。结果研究者惊奇地发现，群体喂养的猴子合群、健壮、活跃、生命力强，单独喂养的猴子则孤僻、不合群、胆子小，甚至生殖能力都不如那些集体喂养的猴子。这个结果很值得教师重视，因为说明了集体生活对于孩子的重要性。尤其处在地球村时代，人的活动可以超出地区、国家的范畴，如果集体意识不强，不懂得合作，简直难以生存。值得注意的是，对于现代的学校教育来说，让“小皇帝”“小公主”来适应集体生活，教师在他们与同学相处时用敏锐的目光发现其长处，以出色的洞察力进行因势利导，才能使他们成为朝气蓬勃、积极向上的青少年。

马艳荣是北京一所学校的教师，她所教的班里有个爱管“闲事”的学生，平时她没怎么关注过他。有一次马老师阅读学生的语文小练笔，有个学生这样写道：“他是一个帅气的小伙儿；他是一个爱管闲事的小伙儿，哪里有事都少不了他。一天里，他掺和的事最多……他是一个好动、淘气的小伙儿。因为他总是违反纪律，所以经常挨老师批评；他虽然淘气，但是他却是一个非常爱帮助人的人……在我眼里他是热爱集体，关爱他人的好同学，是我们全班同学的好榜样。”

这个同学为什么会给他这样高的评价？马艳荣找“小作者”谈话，她说：“你给我讲讲他的一些具体情况，老师想更多地了解他课下的行为。”“小作者”夸奖说：“他在班内做了不少好事，但由于学业不突出，不太引人注意，相反，他做事情时有一点错误却很快就被老师知晓了，挨老师的批评，这对他是不公平的。”马艳荣认为“小作者”说得很有道理。从那以后，她仔细观察这个好动、总给老师添麻烦的“淘气鬼”。看到了他经常为集体擦黑板、扫地、送饭桶，有时颇像一位小男子汉。于是马艳荣想：为什么不给他机会多为班集体做苏联教育家苏霍姆林斯基说：“关怀每个学生，并以关切而又深思熟虑的谨慎态度对待每个学生的优点——这是教育过程中的根本之根本。”

事情呢，让他优秀的一面得到更好的发展？马艳荣说干就干，设立了“与成功有约——我为集体添光彩”的好人好事宣传栏，找到这位好管“闲事”的学生，十分关切地对他说：“希望你能更多地为集体做事，只是遇事要冷静，不要急，要有大将风度；开始做了的事情就要有始有终，更不要给别人添麻烦……你会成功的。”这个学生得到马艳荣的鼓励，更爱管“闲事”了。当然，他有时也会出差错，马艳荣也不再因小错批评他，而是帮助他找到解决方法。他干得越来越起劲儿，学习上进步的速度也很快。科任老师也经常夸奖说：“这孩子不但敢说话，而且会说话了，也会办事了。”在下个学期的班干部竞选中，他的票数位居第三，90% 的同学投了他的票，他当之无愧地当选为生活委员。

日本思想家福泽渝吉说：“教育就是授人独立自尊之道，并开躬行拓实践之法。”学生的进步、成长，是在与同伴们的共同相处中实现的，他们的胆量、独立意识、角色意识、纪律约束能力也都是在集体中通过各种活动建立起来的。教师要引导学生参与并认同集体，同时还要让集体为他们提供成长的阳光雨露，从而学会适应社会环境的行为方式。

班集体虽然是个小集体，但是集体活动也同样具有社会性的特点。学生在集体活动中可以亲自感受到集体力量的强大，在与同学朝夕相处时互相帮助，从中体验集体活动的乐趣。他们会逐渐认识到个人与集体之间的相互关系，知道集体能为个人创造机会表现自我、认识自我，自己的行为也能为集体争得荣誉。教师潜意识里这样想，行动上让学生这样做，就能增强学生的集体荣誉感，并在积极向上的集体氛围里成长。

布莱克曾说：“没有一只鸟会升得太高，如果它只用自己的翅膀飞升。”作为一名掌管班集体的教师，应该让学生成为集体的主人，从中不断地发展自我。

公平与公正，自是乾坤爱育心

公平意味着真正的平等，教师讲话“公平”，在学生眼里代表正义与公道的绝对性。当教师讲话、做事不公平时，学生站在仰视教师的视角上，会把这些事情放大了去理解，认为教师虚伪、持有偏见、不讲道德，这会摧毁他们的信念，以至于使价值观扭曲。

戴树文是北京某学校的一名班主任。期末评选先进学生时，戴树文按照惯例，在评选之前，把三好生、双优生及其他优秀学生的评选条件向学生宣讲了一遍。学生认真地听着，没有人弄出任何响声。戴树文念完后说：“认为自己够条件的请站起来，然后大家举手表决。”当评选到刘欣欣时，班里的一个男同学突然站起来说：“我不同意她当三好生，她不爱咱们的班集体，她值周时不但不照顾咱们班，还给咱们班扣分，对咱们班的同学要求特别严，所以咱们班的红旗没有其他班的多。”教室里随着他的坐下更加安静了。

戴树文想，大家都在思考着这件事，刘欣欣的心里肯定不是滋味。于是，她接着说：“其他同学还有什么想法？可以自由发言。”同学们你一言我一语，各持己见。

戴树文看大家的意见很难集中就又提出一个问题：“假如你是值周长，面对全校六百多名同学你会怎样做？”

有的同学说：“我会照顾自己班，尽量不扣分，如果谁违反了学校纪律，我会背后悄悄告诉老师让他改正。”

有的同学说：“如果是我，我会按照学校的值周要求去做，如果对本班同学一个要求，对其他班一个要求，让值周老师知道了会批评我，对其他班级也不公平。”

等很多同学发表自己的意见以后，戴树文引导学生说：“值周的目的，是要加强学校的纪律管理，如果每个值周的同学都不能坚持原则，值周就失去了意义。大家想一想，怎么样才能让值周发挥应有的作用呢？大家想明白没有？”

同学们说：“想明白了。”

最后对刘欣欣举手表决时，她的票数超过三分之二，当选为三好学生。

虽然公平、公正关系到基本的道德准则，但受到社会上的不良之风的影德国教育家赫尔巴特说："教育的唯一工作与全部工作都包含在这一概念之中——道德。"

响，教师和学生都有可能对这一点失之正确的理解，如果这是因为教育“缺课”造成的后果，教师要和学生一起补上这一课。

刘欣欣这个做事认真的好学生最后能得到大家的认可，主要在于戴树文怀有一颗公正之心，没有轻信个别同学“本位主义”的说法，而是经过深思熟虑，进行辩证分析，正确引导，才使得学生们的舆论公正得以维护。如何评价一个学生不是小问题，它不仅是关系到学生身心健康的大事，而且影响到集体正气的伸张、环境的建设。

公正、公平是教师的一种美德。公正、公平像一架天平衡量着教师道德水准的高低，并在教育活动中对学生产生人格影响。教师具有公正的品质，无疑会成为为人师表、言传身教的示范榜样。

美国著名教育家保罗 · 韦地博士花了 40 年时间，从 9 万个学生所写的信中概括出作为教师必需的 12 种素质，其中就有“公平与公正”。由此可见，一名教师除了拥有爱心、博学多才等素质，还要像秉公办事的法官那样公正、公平。但是在实际的教育过程中，往往很多教师在处理问题时放弃原则性，伤害了学生自尊心。

在美国定居二十多年的黄女士，回台湾探亲时去母校观光，讲述了当年难忘的一幕。

尽管这时的黄女士已经年逾花甲，母校也已经人事皆非，依稀可辨的只有校园中的那棵木棉树。但是，当黄女士与现任校长漫步在校园时，她说：“这辈子都忘不了班主任邹老师。”

现任校长说：“当年，邹老师一定对你很好，经常照顾你吧？”

黄女士摇摇头回答说：“我之所以永远不能忘记她，则是因为她做事不公，深深地伤害了我。”

这句话让现任校长感到迷惑不解，黄女士已经从这所学校毕业五十多年，是什么事让她至今难以释怀？

黄女士娓娓道出了尘封了半个世纪的往事。

在黄女士读小学四年级的时候，就一直盼望着上五年级的时候，可以站到学校的领操台上任指挥。当时学校有规定，只要考试得第一名，五年级就可以当指挥。黄女士当时很努力，成绩也非常突出，一直都是班里的第一名，又是学校里的模范生，所以她一直认为指挥是“非我莫属”。但是到了五年级，邹老师竟然把指挥工作交给了另一位表现一般的同学，当时她真的非常失望，一颗热切的心好像从天空上狠狠地摔在了地上，夜深人静时，她偷偷地蒙着被子哭了好几次。

黄女士越说越激动，声音有些颤抖，仿佛又回到了当年期望落空时的错愕。她缓了一下语气说：“后来我才知道，原来那位同学的父亲是当地的一名官员，家里很有钱，老师平时就比较偏爱她。她也很想当指挥，于是她爸爸就来向邹老师求情。这就是我没有当上指挥的原因。我这次回台湾探亲，在一次同学会上遇到了邹老师，与她打招呼时，我真想把这件事告诉她，但是她已经很老了，想一想还是算了，也许她已经完全不记得曾经有过这么一件事了。”说完这些话，黄女士仍是一脸的落寞。

黄女士在与现任校长道别时说：“当老师一定要公平，老师做事不公平，学生都会知道，也许老师站在大人的角度觉得没什么大不了的，但却有可能伤害学生一辈子。”

这件事让现任校长产生了这样的疑问：“如果邹老师知道她当年的决定会伤害一个学生这么久，她是否还会做出这样一个不公平的决定？”一切都不得而知。

美国关怀伦理学大师尼尔·诺丁斯认为，每个人都会有所偏好，教师也会多多少少偏爱某类学生。但是不能因为个人的偏爱，影响到对待学生的公平态度。当然，教师不是圣人，但是教师这个职业，是能够影响学生一生的职业，当教师不公平时，难免对某些学生造成不良影响。因此教师要时刻记着“为人师表”的意义，提醒自己不要因为属于人之常情的偏爱，变成伤害学生的“偏心”。事实上，作为教师做事公正、公平并不是难事，像上面所讲的戴树文在评选三好学生时的做法，就体现了教师做事公平、公正的原则。希望本文所讲的正反两个方面的案例对教师能有所启示，让公平、公正的阳光照亮学生的心灵，不因“偏心”在学生的心里留下不能抚平的伤害。

打造高效平台，立学校以育才

孙维刚以其结构教学法创造了教育奇迹，使普通学校的学生都能考上大学，大部分学生考上一流大学。无独有偶，有一所中学同样以特色教育创造了高考奇迹，培养了许多优秀人才。这所享誉中外的中学就是北京四中：每年有近四分之一的学生提前被国外名牌大学录取，每年有约300人次在各类竞赛中获奖，96%以上的毕业生高考成绩达到重点大学录取线，40%左右考入北大、清华两所著名高校。在2014年高考成绩中，理科平均成绩654.6分，为全北京市第一，600以上人数占96.3%，最高分为711分，一本上线率为99.3%；文科平均成绩为643.2分，600分以上人数占94%，最高分为688分，一本上线率为100%。在北京市乃至全国综合成绩首屈一指。

北京四中的教学方法与孙维刚有异曲同工之妙：一是少留甚至不留家庭作业。二是不提倡学生报课外补习班。三是三分之一的时间是让学生自选选修课，让学生自主学习，全面发展。四是学生在校学习是一个愉快的过程，教师开心地教，学生快乐地学。除此之外，北京四中拥有最先进的数字化教学、教研平台，拥有全国最系统的网上学习平台。作为百年名校的北京四中，靠高效教育实力获得了“全国最优秀中学”、“全国最美丽中学”之美誉。

如果说孙维刚是一个点，北京四中就是一个面。他们的教育实践说明教育是有规律可循的，教育是可以轻松地完成预定目标的智力活动。

马国忠带领孙维刚实验课题组历时十余年总结和反复实践，将孙维刚的教育理念和教学方法进行提炼和升华，形成可以复制的教学体系，并与北京四中强强联合，共同打造优质特色学校——郑州维纲中学。

郑州维纲中学扩展了孙维刚的结构教学法和北京四中的特色办学理念，形成素质教育的五大支柱：

1. 德育素质教育

注重每一个学生的德育素质的培养，以德育带动智育。学校传承孙维刚老师的三大建班原则，即“诚实，正派，正直；树立远大理想和宏伟抱负，立志为人民多做贡献；做一个有丰富情感的人，要因为我来到世界上而使别人生活得更幸福”。

英国教育家威廉·亚瑟说：“平庸的教师只是叙述，较好的教师是讲解，优秀的教师是示范，伟大的教师是启发。”

2. 智育素质教育

学校传承并创新孙维刚提炼的结构教学法，让学生在一年的时间学完三年的课程，同时提出“八方联系、浑然一体，漫江碧透、鱼翔浅底”的整体学习思路。让不聪明 的学生变聪明，让聪明的学生更聪明。通过智育素质的锻炼，让学生的思维始终处在活跃的状态，让学生思潮澎湃、浮想联翩，继而寻找到更多的解决问题的办法。

3. 身体素质教育

郑州维纲中学依据学生的身体生长规律，坚持各项运动教育，让学生的身体素质得到必要的锻炼和提升，以健康的身体作为学习和成长的有力保障。

4. 审美素质教育

开设各种选修课程，涉及多个领域、多个专业和多个学科，让学生在各种活动团体中去学会发现美、欣赏美、创造美，让学生用心去体验生活、感受生活。审美素质的培养不仅能提高学生的审美观，更能影响学生的人生观和价值观的形成。

5. 心理素质教育

将应用心理学用于教师的教学中，用于教师和学生的沟通、教师和家长的沟通，用于实际的教学和管理过程，真正让心理学的理论生活化，实用化。学校有专业的心理学科和社团，并透过系列的课程，提升学生的心理素质，让学生开心地学习，快乐地成长。

孙维刚的教学奇迹和北京四中的卓越成绩，有一个共同的点就是把焦点放在学生的德育和智力素质教育。郑州维纲中学整合孙维刚和北京四中的先进资源，让学生真正地在快乐中学习，帮助学生实现全方位的自我成长。

郑州维纲中学以“把德育作为第一标准”、“造就一个强大的头脑”、“在思维运动中训练思维”等教育思想为指导，以培养杰出的中国人，即培养忠诚（国家、团体）和服务（社会、他人）精神，以及追求卓越的生活态度。使学生在未来优雅地工作和生活，成为所在领域与个人生活的成功者及有益于社会的公民。维纲中学是师生精神生活的家园和丰富人生的起点，每个人都会获得发展的机会、享受成长的愉悦，懂得责任与良知，持之以恒地发掘潜能，积极乐观地面对未来。

B篇 教学，致广大而尽精微

教师要寻找一种教学方法，使得教师因此可以少教，但是学生却可以因此多学，使学校因此可以少些喧嚣、厌恶和无益的劳动，多些快乐和坚实的进步。

第五章

亮出好方法，提高学生智力素质

帝企鹅家族之所以可以在最寒冷的环境中繁衍生息，主要是整个家族在后代繁育和生存方法上有着很严密的科学性。虽然人类还没有对其进行非常系统的研究，但是方法和技巧的高适应性是不容置疑的。

“帝企业教育”的核心就是以最好的教育方法提高学生的智力因素，使其在德育、智育、体育的互相促进中提高思维能力和解决问题的能力；倡导广大教师学习北京著名教师孙维刚和北京四中优秀教师的先进经验和科学施教的方法，让学生在智力水平上“更上一层楼”。

教学生驾驭知识，人才以磨砺而出

孙维刚在自己所带的实验班中，将“打造学生超强大脑”这一教育理念付诸实践，全班学生在高考时都能考出好成绩，这充分说明，好的教育方法就能取得好的教育效果。

孙维刚在不把考试成绩作为教学目标的前提下，创造了学生考出好成绩的奇迹，向教师和相关机构提出了一个严肃的问题：教学目的到底应该是什么？许多人认为教学目的是明确的，即“传授知识”。但是，在教学实践中，大部分教师都围着升学考试转，教学的目的几乎就变成了“考高分”。于是，应试教育愈演愈烈，猜题押题、高考命题信息等与考试有关的招法一时间狼烟四起；题海战术也使学生不堪重负；甚至传授一些旁门左道的解题方法，这些显然完全不是“知识”二字所涵盖的了，几番折腾后把学生的思维搞得机械麻木，非但没有考出好成绩，反而影响了学生的未来发展。

孙维刚认为教师向学生传授知识是必要的，但教师更要培养学生驾驭知识的睿智，以及面对陌生的科技难题要有善于攻克的创新能力。而这种睿智和能力的本质，是高超的思维水平、超强的智力素质。因此，教学的目的应当是通过知识的教学，不断发展学生的智力素质，造就他们超强的头脑，把不聪明的孩子变聪明，让聪明的孩子更加聪明。学生只有具备完善的智力素质后，才能牢固掌握和熟练运用学过的知识，善于学习和掌握新的知识，不断和更加丰富自己的大脑知识库。这样，解题、考试时拿高分，就不在话下了。因为，睿智使得学生在试题面前运筹帷幄、纵横捭阖、得心应手，难题自然也就不难了。当然，这其中包括用科学的方法掌握在实践中总结出来的思考规律。

孙维刚所带的实验班，在六年的时间是不留书面家庭作业、不买练习册的。那么，他用怎么样的方法造就学生超强的头脑并且深刻地掌握知识和总结发现各学科的思考规律呢？孙维刚认为能力和智力素质是必须通过对知识的学习和掌握才能得到并发展的。这其中包括三层意思：

第一层意思是，智力素质是最高层次的，它是指人的思维方式和水平。学生具备了良好的智力素质，在任何困难或课题面前能够逢山开路，遇水架桥，古希腊哲学家苏格拉底说："教育不是灌输，而是点燃火焰！"

无往而不胜。这恰恰是现代社会所希冀的现代化建设人才、创新人才所应有的标准。

第二层意思是，学生思维能力的提高、智力素质的发展，不会凭空而来。对教师而言，要通过知识的教学来影响学生；对学生而言，要通过知识的学习和积累来得到。

第三层意思是，教师要通过知识的教学培养学生的能力，发展学生智力素质，但这种深层次的教学不是教师随便一讲就可以达到目的，而是需要在教学的每个环节、每个细节都要周密思考、精心设计，主动地为实现培养思维能力、发展智力素质这个目的提供帮助，还要根据每个学生的智力水平设定不同的阶段性的小目标，时时引领，处处启发，方能在天长日久的积累中取得成效。

孙维刚所采用的具体方法是，使学生站在系统高度，对知识进行八方联想，发现各种知识盘根错节又浑然一体的关系，到后来达到他所倡导的"漫江碧透""鱼翔浅底"的境界。学生对知识的掌握和运用已经驾轻就熟，课程的难点不再是他们面前的一堆瓦砾，更不是令其望而生畏的戈壁滩。这时的学生从情绪、心理上对知识充满学习和运用的渴望，就会自觉地发展智力水平，不再需要教师苦口婆心地劝勉，更不必进行一点一滴地灌输，教学目的如水到渠成一般自动达成。

"三环"学习有妙法，从心髓入微处用力

学生只要养成了高效学习的好习惯，难题就可迎刃而解。孙维刚引导学生突破了"三环学习"的老套路，做到习惯成自然。这个"自然"之中潜藏着学业进步的捷径。

所谓的"三环"是指预习、课堂听讲、复习和完成作业，孙维刚通过三轮实验班的教学实践，对"三环"学习总结出了一整套的经验。

第一环，预习要有选择性

孙维刚接手第二轮实验班的第一次家长会，有位家长心急火燎地对他说："孙老师，请你管管我的小孩吧，上了中学，还是小学的学习方法，不知课前要预习，课后复习也做得不踏实，我批评他，他还强词夺理，说'孙老师不让我们预习，也没有课后作业'；他竟然给我来了个'假传圣旨'，您看看这孩子可气不可气！他就是听老师的话，您快管管他吧，您一说，他就听……"

孙维刚听了这位家长的话就笑了，对这位家长说："对不起，他没有'假传圣旨'，他说的是实话。"家长听了一脸的惊愕。于是孙维刚向家长做了详细解释：

"有些中学老师怪罪学生学习不好的原因，是仍然用小学的学习方法，课前不知预习。这种怪罪不无根据，因为在小学，一个内容讲一个星期，第一堂课没弄明白，还有第二堂，但上中学就不同了，一个内容就一堂课，还没等反应过来，就过去了，因此需要预习。在大学，则是一堂课好几个甚至十几个内容，像繁华的马路上，汽车一辆跟着一辆，也需要预习。这种观点虽然有一定的道理，但它落伍了，落后了。一、这种观点的出发点，仅仅着眼于知识，而没看到更高的目标：发展学生的智力素质。二、针对知识的学习而言，预习是低层次的做法。其本质是靠多次重复达到掌握，这当然不如自己历尽险阻所得而记忆久远甚至终生难忘。我可以打这样一个简单的比喻：第一次找一位朋友的家，如果是朋友带你去的，过些日子你自己去时，很可能找不到了；但如果第一次没人带你去，而是你自己左问路右打听，用了一个上午好不容易找到的，那么，即使过很多日子后你再去，仍会径直找到朋友家。三、通过预习已经知道了课上要讲的内容、结论、推导过程、例题解法等等，那么，课堂上还谈何超前思维、真正做课堂的主人、在思维运动中训练思维呢？结果是，赔了夫人又折兵，既花去了课前的一段时间，又浪费了课堂上发展自己智力素质的机会。所以，在中学阶段，我是不主张课前预习的，尤其是中学数学，从系统的观点、从哲理的高度来看，实在是很简单的一点儿东西。为了掌握得扎实和深刻，我则更不主张中学数学课要预习了。至于上了大学，情况、条件改变了，那时会有那时的考虑。但有些科目的教师，多是文科教师，让学生预习的英国哲学家培根说：“习惯真是一种顽强而巨大的力量，它可以主宰人的一生，因此，人从幼年起就应该通过教育培养一种良好的习惯。”

是大纲上要讲的，是他不准备在课堂上讲或一带而过的内容，这时，学生只好看书预习了。”

这位家长听了孙维刚的解释虽然有些半信半疑，但是知道他是北京市的特级教师，有自己独特的教育理念，也就不再逼自己的孩子做课前预习了。

孙维刚认为，有些教师课堂教学讲不太明白；或者课堂上讲的说得过去，但具体到某位同学，基础或反应的敏锐不够理想，这种情况下，这样的同学也不得不进行一些预习。但这个预习，一定要方法得当。那就是，不要打开书找到准备预习的那个章节后，从头开始，一句句，一行行，一段段，从头看到尾，一面读，一面理解，一面记忆。这样不会有很好的学习效果，但是，怎样做才是恰到好处的呢？孙维刚倡导的方法是：应该先不打开书，闭上眼睛设想这一节的内容、结构，然后再打开书来看，刚看到要对某个名词进行定义时，就盖上书，自己试着定义一下。刚看到一个定理的第一句叙述，又盖上书，自己猜想它的结论。看到一个公式时，也要这样做。看到例题了，马上盖住它，自己在纸上把它做出来，再与书上的解法进行比较、思考，这样的预习，无论对于知识的掌握还是思维训练都大有益处，而且，据此发展下去，将一步一步走向不再预习，而是养成经常思考的好习惯。

第二环，课堂听讲要全神贯注

孙维刚训练学生思维的宗旨是：教师要在课堂上创造条件，促使学生总是想在教师前面、向教师发起挑战，让学生在思维运动中训练思维，真正做课堂的主人。教师以这种方式从事教学，什么样的学生才是课堂上的好学生呢？孙维刚得出了这样的结论：一个学生特别专心，把老师讲的功课，甚至每句话，都听进耳朵里，记到心上。从课堂听讲这个角度，能做到这一点的就是好学生。

但是，有的教师与孙维刚的想法不一样，认为会听讲的学生，知道哪些重要、哪些不重要，把老师讲的最要紧的话一点也不漏掉地记住，而剩下的时间，还可以走走神，做做小动作。孙维刚认为，即使从课堂听讲这个角度来看，他们都不是理想的好学生。只有智商很高的学生才能在记住关键点后走神了，也能弄明白教师所讲的内容，否则的话玩过了头就会收不回来。

孙维刚说："如果学生只会因袭老师，历史将会凝滞。人类能有今天的进步，从教学的角度看，是许多优秀的学生创造性学习的结果，也是许多优秀教师，自觉或不自觉地促成学生不断超过自己的结果。正因如此，科学才不断向前发展，社会才不断进步。"

从某种意义上讲，孙维刚在自己班上所做的，是鼓励学生反对自己，挑战自己。当学生和他进行激烈争论时，结果是孙维刚错了，他不仅欣然接受这个事实，还满心欢喜："这有什么不好？不是有什么不好，而是太好了！"

在课堂的争论中，教师的看法若被推翻了，学生得到了正确的认识，更重要的是，学生的智力素质得到了发展，思维水平提高了，勇气和信心得到增强，这正是教师求之不得的好结果。

有教师对孙维刚说："如果开放了争辩这扇门，你不怕学生们会瞎提问题，钻牛角尖吗？课堂上的时间很宝贵，出现了这种情况怎么办？"孙维刚回答说"我们不是有辩证法吗？教师要去引导学生驾驭知识，只要真理在自己手里，而且运用得十分娴熟，是不会出乱子的。如果学生的观点是错的，却偏偏要去推翻老师正确的观点，这样有什么坏处吗？也没有。学生正是从教师的观点被打而不倒的过程中，体会到教师在理论上的深深的根基，对教师会更加尊重。"

每一轮实验班孙维刚都要教学生六年数学，几乎每道例题、每个定理、每个公式，都是他引导学生自己动脑、动手来完成。孩子们争先恐后，抢在他的前面，想出题目的解法，想出定理的证明过程，甚至他刚刚写出定理的前提，他们就抢到他的前面，猜想定理的结论该是什么。再进一步，瞻前顾后，审时度势，需要建立什么概念了，并试着给他们定义。乃至，孙维刚在说一句话时，他们就要求自己判断出老师的下一句话该是什么了。

孙维刚信守这样的教学理念：每个公式，每个定理，都让学生自己动手推导。由于历尽险阻，熟知路上的坎坎坷坷，必将印象深刻，记忆久远，甚至终生难忘。日复一日，年复一年，学生大脑机器高速运转步入常态化了，正是一个超强大脑日臻成熟所要经历的过程。

孙维刚把舞台让给学生，自己退居幕后当导演，引导学生把课堂演绎成一场攻克山头的战斗。让学生自己动手发现，去归纳，去证明，去总结，去完成。有想法的同学，到讲台上来，到黑板上来讲，他本人不时点语引句。但绝对不做提示，因为，提示是把练习跳高的学生托过横竿去，学生此刻需要的是，纠正错误动作和发展弹跳力。孙维刚认为这样给学生上课，比教师“一言堂”下来要难许多，因为，必须在打开了闸门的学生思维的滚滚洪流中，敏锐判断，做出应对，而且还要应付自如。但学生的收效和长进，却要比“一言堂”大得多，正可谓“自己动手，丰衣足食”。

通常情况下教师课堂教学采用的方法是，教师讲，学生听，间或有些提问。孙维刚认为这种方法的实质是学生在教师所提供的那块有限的土地上采掘。把舞台让给学生，让一个个学生到前面来“慷慨激昂”讲述自己的所想所思，在更广阔的空间里开拓，在相互影响和思维撞击里产生智慧火花，这要比教师“一言堂”那块土地给学生提供了更大的施展空间。

孙维刚的数学课堂处在这样一种热烈的氛围中，还需要维持课堂纪律吗？不要了，学生们在踊跃向前、唯恐落后的心理状态下，哪还有心思说笑打闹、做小动作？倒是下课铃响时，许多学生吓了一跳，他们说，怎么这么早就下课了，我还没过完上课的“瘾”呢！学生真正成为课堂的主人，教师维持课堂纪律的任务就相对被淡化了，教师拥有了不再为课堂纪律分心的轻松感和愉悦感。

有人曾问孙维刚：“这样上课，进度怎么办？一方面要等待学生想出来，另一方面学生的表态又不清楚，必定耽误很多时间。”孙维刚回答说：“开始时会是这样的。但随着孩子们因这样的过程提高了理解力和分析力，进度将大大加快。以我们班为例，在教学课时并不增加的情况下，初中三年就基本学完了中学6年的数学课程，而且还增加了许多课本上没有的内容和某些大学数学课程。事实上，学生中蕴藏着巨大的智慧，这往往是我们始料不及的事情。”

第三环，复习、完成课后作业要得法

孙维刚认为课后复习这个环节是必要的，处理得好将使学生加深对知识的理解和掌握，培养应用能力、分析问题和解决问题的能力，也有助于提高思维水平。问题是什么样的复习方法才算最有成效？一些中学教师这样教育学生："再不要像上小学时那样，回家打开本儿就写作业，写完作业就完事大吉了。而应该先看书，看笔记，先复习后做作业"。

孙维刚不赞成这种做法。他说："像我们所主张的那种课堂听讲，应当是，铃响时，全部知识已尽收眼底，全数装在胸中。在做作业之前，要用回忆的方式进行默想使之条理化、系统化，然后，用做作业来练习应用，加以巩固，并培养能力，同时，也是一种检验，万一有卡壳的地方，发现了漏洞应立即补上。如果先复习一遍，不仅是浪费时间，而且，常常掩盖了课堂上自己没学好的环节，因为这时又看了一遍，扫了一眼，而这往往只有短暂的时效性。这样做还有一个不好的后果，就是造成依赖心理，降低了课堂上一定要当堂深刻掌握的标准。学生会存在这样的心理，反正做作业前还要再复习，到那时再说吧。久而久之，课堂上听课时精神容易松懈下来，使课堂学习的效率大大降低。

有些"好心"的老师，觉得作业题有些难度，至少例题中没有这种类型或这种相似的解题方法，便另外编了相应的例题在课堂上先讲。孙维刚认为这种方法存在很大的弊端，使得一些学生做作业时照葫芦画瓢，失去了做这些难题的意义。所以，在理想的课堂听讲方式的情况下，孙维刚不主张先复习再做作业的。而宜先做作业，必要时，对课上所学的内容进行默忆、条理化、系统化。

做完作业后干什么呢？因为时间省出来了，做完作业后，要进行小结。如果学生按孙维刚主张的那种课堂听讲方式，使得课堂上已经完全掌握了知识，通过先做作业，得到深化，这时，会有新的体会，新的认识，也会有新发现，这是十分宝贵的，应赶紧条理化、归纳记载下来。孙维刚认为，教师每堂课都按照他的方法来做，积累到一定时间，再对一个单元或一种方法进行视野再扩大的小结，学生就会把所学的东西记得扎实，运用起来得心应手。

放大解题视角，自得而后能化

从大视角出发看待问题，从多个侧面入手解决一个问题，就训练了学生的发散思维，破除了头脑里的条条框框，智力水平就得到了发展与提升。

有许多数学题的解法不止一种，这一点无论是学生还是教师心里都很清楚。孙维刚的做法是将解题方法复杂化，他总是提倡一题多解。针对一道数学题有时他会与学生一起找出多达七八种的解法，用从不同的角度解题来训练学生的思维。每逢此时，孙维刚还要给学生们提出新的课题，让他们找到各种解法之间的联系，直到学生们发现它们共同的本质，完成多解归一的过程，一道题的解答才能真正结束。

许多中学教师习惯搞题海战术，对此种做法孙维刚强调说："做题不在多，而在于把每一道题都做透彻，一般的步骤应当是：一题多解，多解归一，多题一解，多题归一。在一题多解的过程中，学生们看到许多题目有着一种或几种本质上相同或相似的方法，也可能是其中的某些步骤有着共同的特点，在充分剖析之后，就形成了某些固定的思路和技巧，并把它们增添到自己的智慧库中，这样多题一解和多题归一也就很容易做到。"

孙维刚探讨出许多这样做的技巧与方法，尤其是在解决平面几何问题的时候，孙维刚经过多年的潜心研究，总结了一套解题的规律，他称之为"表"，共有 12 个，包括了平面几何中的几乎全部知识：三角形、四边形、圆、全等、相似等。总结出了这些规律，再加之正确的思考方法，中考的几何题已不在话下。学生在平时的学习中，也常常能发现新的技巧，为他们的"智慧库"不断增添新的内容。班里的每个人都会毫无保留地把自己解题的心得奉献出来与大家分享，这样，同学们在一起互相进行智慧链接，共同提高。

孙维刚为学生开创的解题"三步曲"，即一题多解、多解归一、多题归一的具体内容是：

1. 一题多解，训练多角度思考问题的能力

通常情况下，教师把数学中的众多定理、公式，看作是应用工具，只要用

德国教育家第斯多惠说："学生的发展水平是教学的出发点，所以必须在开始教学以前就确定这个出发点。"

一种方法证明它是正确的即可，之后，应赶紧进行应用练习，应用它去解题或推证以后的定理公式。但孙维刚在课堂上，证明三角形内角平分线性质定理时，不匆忙向前，而是停留下来，一堂课，使同学们想出了用24种方法证明这一条定理。

孙维刚这样做的作用是什么？他总结出了三个方面的意义：一、对于相似形这章的一类重要问题：证明四条线段成比例（这条定理的结论正是证明四条线段成比例），归纳了主要的思考规律。二、学生的思考方法、解题能力得到一定充分的训练。三、每个人都得到了终生不会忘记的三角形内角平分线性质定理的内容。可以说一题多解即达到了巩固知识的目的，又锻炼了学生从多个角度考虑问题的能力。

2. 多解归一，沿共性找到规律

孙维刚带领学生在一题多解的基础上，分析和寻求不同解法的共同本质。这有三层意思：

一、让学生明白在思考方法上有哪些是共同的。二、让学生清楚在具体步骤上，哪些是共同的，甚至有某个工具是谁都不可不用的，某个步骤是谁都无法绕开的都要记住。三、多题归一，形成规律。孙维刚认为，真正可靠的解题方法应当是在多解归一的基础上形成，即在挖出一道题目的不同解法的共同点基础上，在比较一批题目各自的共同点的基础上，发现它们的共同点的一致性，从而形成普适性的解题思考规律。

规律总结出来了，它们能不能成为学生解题思考的好帮手，能不能提高甚至大大提高学生们的解题能力，就在于是否能做好下一步的事情。这个事情是什么呢？那就是，时刻应用它。不为事大而惧之，不为事小而轻之。今后在碰到题目时，不管题难还是不难都不要以简单的方法去思考，不要存侥幸心理撞上正确的解法，不能满足于想出一个解题方法，更不能不知是怎么回事儿就想出来了，不满足于自己弄不清依据而把解题方法想出来了。

孙维刚在教学中对学生提出这样的要求：如果你没想出来老师讲的或书上

写的解题方法，自己一定要动脑把老师讲的或书上写的解法进行解剖，把这些解法归结到已经总结出来的规律上，从而使这些规律成为了你得心应手的武器。

孙维刚在教学中从不拒绝每个新方法，哪怕这种方法十分烦琐并需要走许多弯路，他也会让学生们从中吸取有益的东西，不断丰富他们的大脑。在课堂教学时，孙维刚经常动脑想出一些打趣的话，帮助学生们记忆冗长复杂的公式：在学习三角函数时，课本上的加上老师补充的公式一共有130多个，要熟记这么多公式并非易事。孙维刚教给学生一些口诀，如“正弦喜欢花，余弦喜欢素”等等，使他们记住这些公式并经常运用，很快在大脑里扎下根，解题时自然得心应手，难题也就一个又一个地攻克下来了，这对学生而言是极大的鼓舞。

强度拉升速度，推其本而齐其末

孙维刚的教学奇迹之一，就是在他带的实验班里，学生一年学完初中三年的数学课程，初中三年学完了高中数学的课程。教学速度的快速拉升，产生了惊人的教学效果。

有一年，孙维刚带的班结束了初一的课程，他向北京市教育局提出申请，能不能让他的学生参加今年的中考，他想看一看他们对初中数学掌握到什么程度了，这样好制订下一阶段的教学计划。当时的北京市教育局局长说，孙维刚搞教学实验取得了一定的成效，咱们就给他开个先例吧。于是，那一年北京中考的数学考场上，有了一道亮丽的风景线，孙维刚所带的实验班的学生戴着红领巾来参加考试。考试结束后照样是封卷、评卷，和其他学校的中考生卷子走一样的流程。十分可喜的是，等总分出来后人们看到这样的结果，孙维刚班里的学生数学平均分超过北京市中考的数学平均分。

孙维刚的学生在一年内学完三年的所有课程，颠覆了传统的数学教学的理念和进度。而这一切孙维刚是怎么做到的呢？

孙维刚注重教学科学规律和操作方法的研究和实践，提炼出一个提高学生智力素质的基本模式：让学生在半年多的时间里学完三年的数学课程，再经过两个月的训练，使学生熟练掌握所学的知识。在以后的两年时间里，学完了高中的全部数学课程，而且还增加了许多课本上没有的内容和大学数学部分课程。

俄罗斯哲学家拉吉舍夫说："在知识的山峰上登得越高，眼前展现的景色就越壮阔。"

孙维刚认为，各个学科之间的思维原点是相通的，是有规律可循的，从这些思维原点中能够提炼出一个包含四种基本学习能力的模式：一、发现研究对象的能力；二、围绕研究对象确定研究角度的能力；三、寻找知识之间联系规律的能力；四、建构知识网络制作联系导图的能力。这四种能力的训练能够在短时期内使学生站在系统的高度进行学习，促使学生展现出浮想联翩、思潮如涌的状态。

学生在这四种能力的基础上，派生出一种复合学习的模式。这个模式由六种能力组成，一、理解概念的能力；二、研究概念的能力；三、理解原理的能力；四、研究原理的能力；五、解题的能力；六、研究试题的能力。学生建立起这个复合学习模式，提升的是自己的智力素质，这样就可以轻松自在地将其运用到所有科目的学习中去。

有一次，孙维刚在北京人民大会堂的报告厅上介绍教学经验，当时任教育部部长陈至立坐在孙维刚旁边，在45分钟的报告中，陈至立一直扭着头看着孙维刚，头都没转动过一次，以至于摄影记者都找不着她的正面。陈至立被孙维刚折服了，会议结束时提出，她要把孙维刚的教学录像带回去好好看看，将他的教学方法了解透彻，向教育界推广，从此以后研究、运用孙维刚教学方法的人越来越多，提升了许多数学教师的教学水平。

"解放"学生，道而弗牵则和

自主学习通常是指学生在具有主动学习意识的前提下，通过独立的分析、探索、实践、质疑、创造等方法实现学习目标，不断提高获取新知识的能力。与自主学习相对的是被动学习、机械学习和他主学习。自主学习最根本的动因

> 美国著名心理学家布鲁纳说：“教一门学科，不是建立一个小型的图书馆，而是要学生独立思考，积极参与获得知识的过程中去。”

是学生必须对学习产生浓厚的兴趣，当学生在动机、认知和行为三个方面都表现出极高的积极性和自觉性时，其学习才是自主的。

孙维刚采用让学生变成课堂主体的方法激发学生的学习兴趣，从根本上“解放”了学生的思想，调动起他们自主学习的积极性，培养了学生的自主学习意识，使学生真正做到了“我的学习我做主”。

现代著名教育家陶行知先生在70多年前就疾呼，要解放学生的时间和空间，解放学生的手和脑。时至今日，“减负”——还孩子以童年，不能以牺牲孩子今天的天真去换取没有个性与创造的未来，这样的呼声也越来越高。可见，没有宽松的环境、充裕的时间，何谈学生的思索与创新，哪来的发明和创造。孙维刚的教学实践既体现了陶行知的教育理念，也探讨出了教育改革的新路子。

孙维刚在教学中充分发挥课堂45分钟的作用，课后不布置课外作业，不使用任何参考资料，他让学生摆脱了在学习上的“衣来伸手，饭来张口”的不良习惯，不让学生舒舒服服地学习。孙维刚反对课堂上看似活跃，而学生思维形同原地踏步的状态。他把舞台让给学生，自己退居幕后审时度势，适时点拨。这样做了之后，学生的收获比教师慷慨激昂讲一节课要好得多，而教师的工作的难度也要大得多。

孙维刚经常对学生说：“数学中的每个公式、定理和定义都有它的道理，学习知识不能死记硬背，应该要自己动脑去理解它们，熟悉它们，不知不觉中就记到了心上。”

有教育界的同行质疑孙维刚的话，说：“你说的是理科的学习方法，文科是需要背的，政治不背怎么行？全国32个省、市、自治区的名称怎能理解？外语单词不背怎么行？”孙维刚对这种说法也持否定的态度。他认为政治是一门科学，一些人却把它看作教条，认为非背不可。教师持有这样的观点，学生对这门课程更会感到枯燥、学不进去，如此，则会把一门政治课给背可惜了。而对外语单词的掌握，用多侧面的剖析、联系和比较也不是难事，但不是“背”

单词。有人问，那省、市、自治区的名称怎么理解、怎么记忆呢？孙维刚说，当然能用理解的方式来记忆。曾有人考他 34 个省、市、自治区、特区的名称，他马上开始默写：黑、吉、辽……京、津、沪、渝、台湾、香港、澳门。写完这些他看看腕上的手表，仅用了 1 分 55 秒，并且没有遗漏，没有重复。

孙维刚是怎么记忆这些名称的呢？他解释说，在头脑中浮现出一幅地图，先把好写的直辖市和台湾及香港、澳门放到最后，然后从东北角开始，从上（北）到下（南），一条一条地蛇行前进，很快就写完了它们的名称。因此，孙维刚呼吁学生，只要从背诵的桎梏中解放自己，就会发现世界是那么广阔，那么美好，学习是认识这一份美好的过程而已。

总复习有技巧，学必求其心得

学习方法决定学习效果，如果学生是用跟在别人的后面亦步亦趋的方法学习，教师不马上使其改变方法，学习效果就不会提高。教师应该是最佳方法的提供者，更应该是学生改变学习方法的监督者。

有位教师用钻牛角尖的方式问孙维刚："一位学生复习三遍，另一位学生刚复习一遍，如果他俩其他基本条件相同，谁的效果好一些呢？"孙维刚回答说："这要看这三遍是怎样的三遍，而这一遍又是怎样的一遍。很多学生这样进行复习：一上来就打开书、笔记或以前做过的卷子，从头看起，发现好多东西都眼熟，越看越高兴，很快就复习完了一遍。合上书或笔记本以后，感觉很多东西又记不清了。于是，照样再来一遍，而后，又来一遍，仔细回忆一下，跟复习前的变化不大。如果用这样的方式花一天的时间复习三遍，不如用下面的方式花一天的时间只复习一遍。"于是孙维刚讲了这一遍的具体做法：

"把书、笔记、以前的卷子合上先进行回忆，一面回忆一面在一张纸上勾画一下轮廓、要点、结构等等，有模糊的地方也不打开书，而是竭尽全力直想到山穷水尽，最后才打开书、笔记、以前的卷子。打开后，对照一下，回忆中完全正确的部分，不必再花费时间了，因为那些已经在自己脑子里站住了，又经这次默忆就生根了。对于似是而非或完全忘记了的知识或题目的解法，则需

美国数学家波利亚说："学习任何知识的最佳途径是由自己去发现，因为这种发现理解最深，也最容易掌握其中的规律、性质和联系。"

集中时间和精力，去分析遗忘的原因，改弦更张，把它们一一攻克。一天的时间和精力都集中到仅仅几处，效果当然切实又显著。而这种方式又使过去学会的部分也落地生根了。这种复习的原则，宜用于复习全局、局部乃至每一处的细节。"

通常情况下外语单词的期末复习或总复习，学生一般采用的方法是，打开课本或书后的小字典，一个一个地复习。会的，读一下就放过去；不会的，多念几次，使自己记住后再过去。孙维刚认为这种方法有两个方面的缺点：一、由于是打开了书，对于一些自己本来似是而非甚至全然忘记的单词，会以为自己是会的而放过去了。二、那些不会的单词，当时就读几遍以求记住它们，由于也是打开了书的，因此效果并不好，即便当时记住了，不久后又会忘掉。

孙维刚对自己的实验班给出了这样的方法：复习前，学生自己不要打开课本，先请别人（家长或同学）把学过的全部单词的中文意思抄写在几张白纸的左半部，然后，自己事先不要准备，在右半边白纸上写出对应的英文。抄写中文意思时，要请抄写的人打乱单词在课本中每课的单词表上出现的顺序，更不要依照课本后面的小字典上的顺序。因为，常常有这种情况，出现在每课的单词表上的几个单词，记忆它们时，有"连锁反应"的效应。看到其中的一个，对它周围单词的记忆也会随之浮现上来造成错觉，以为这些单词自己已经牢固掌握，实际上这是一种假象。

至于字典上的顺序是对各个单词前几个字母组合的强烈揭示，这几个字母出来了，其后的字母就带出来了。不要按照小字典上的顺序抄写。用打乱顺序的方式抄写后，再让学生默写，是对自己单词掌握状况的最准确的检查。默写时，对那些几乎无须思考"信马由缰"般写出的单词，不做任何记号；对那些颇费思索犹犹豫豫才写出的单词，标上记号，并在对它的拼写中拿不准的字母下面画上下划线。默写完毕，打开课本一一对照。没做记号并且写对了的那些单词，是你已经掌握的，可以放下不用复习了。这一部分的数量最多，这样，就可以使学生省去大部分的时间和精力。

没做记号但写错了的，则打上特殊的标记，根据复习阶段的总天数，拿出前2/3的天数，同时把打上各种记号的和“空白的”那些单词分别编组，组数就是天数，制成卡片，使得每天都复习打上记号和“空白的”单词各若干个。到复习天数已用完2/3时，再用刚开始复习时所用的方法，请别人把这些复习的单词按上面的方法重复一遍，再挑选出没有记牢的单词做成卡片进行复习。

孙维刚认为，复习，不是要再走一遍老路，而应是第二次探索。另外，总复习、阶段性复习都要有，千万别干“突击”的蠢事。在中考、高考之前，家长或教师会要求学生在最后两个月全力拼搏，再鼓足力气“突击”，甚至有具体指标“总分再长多少分，达到某某学校的分数线”。孙维刚认为讲这些话的人，实在不懂得教育规律。几年时间都没学好，仅凭最后两个月就能“突击”上去了么？这明显违背科学规律。而且这最后的两个月中，又要报名、体检、开毕业典礼、照相、领准考证、看考场，能静心学习的时间也就一个月，怎么可能把几年没学好的功课一下子“突击”上去。如果学生真的肯下苦功夫，也有可能把某个方面“突击”上去，但是果真在这里“突击”上去了，还不知在什么地方要掉下去多少，可谓得不偿失。学习成绩的提高、思维能力的强化靠的是日积月累，想一下子“突击”成功，无异于痴人说梦。

提升自我效能感，学其所不能学也

自我效能感指的是人想要完成某件事情时所拥有的自信程度。学生如果经受太多的挫败就会对学习失去信心，导致自我效能感下降，也因此更不利于学习成绩的提高。

北京四中化学教师杨利军参加工作第一年就接手高二（7）班的课程，内心里有些忐忑不安。开学第一天，收暑假作业，科代表很友善，早早地就把已经上交的“学探诊”作业抱来办公室了，还给杨利军开出了三个未交作业者的名单。

暑假作业评分要作为学生平时成绩的一个指标记录在案，杨利军出于认真和负责的态度，在下课之后找到了没有交作业的三名同学。其中两名同学均说是忘记带，第二天也果然带来了。还有一名同学直接说："老师，我作业没怎么写，补也补不齐了，我不交了，你随便给分吧。"

杨利军说："如果你真的没怎么写，按学校的要求只能给 0 分。"这位学生很沮丧，瞪大了眼睛"啊"了一声。杨利军从这个表情上，知道他其实很在乎自己的得分。杨利军问："你为什么不写完？"他说："老师，其实我高一化学学得很不好，暑假作业比较难，根本写不下去。"他说得很坦白，也就是因为这种坦白，杨利军完全相信了他的话。

杨利军说："不管怎么样，老师觉得给你 0 分会打击你的信心，你也肯定不想得 0 分。这样吧，我给你 65 分，但是这 65 分是你跟我借的分数，在以后的考试中，每次考试如果高于这个分数的成绩就当你归还的分数，怎么样？"这位学生异常高兴，马上说"谢谢老师"。后来的化学课，他真的很认真，记笔记，完成作业，经常到杨利军的办公室问问题。但是，学习是一个连续的过程，不是说兴趣来了，学两周成绩就能立竿见影。第一次单元测验，他刚刚 60 分。他很努力，但是这个分数还是让他很失落。

对于一个学生来说，觉得自己很努力、很付出，却看不见结果，最后他会把导致的结果归因于自己不够聪明。从归因论的角度而言，如果从能力这个角度归因，必然会再次导致习得无助，从"借分"获取的那点动力，就会立即消失。于是在发试卷之前，杨利军对他的试卷做了一个非常详细的分析。分数不高，倒数的名次。但是杨利军发现，有一个较难的题，全班几乎没有人做对，即使是考了 90 分的学生也没对，他却做对了。杨利军非常高兴，在上课讲评试卷时狠狠地表扬了他。他也就更加肯定了自己的能力，咬紧牙关继续努力着。在后续的几次考试中，他的成绩上升了，但是始终是在 70 多分的状态徘徊。

这名学生又陷入了困惑，但出于对杨利军的信任，主动来找她谈状况："老师，我很认真了，我现在把学习的时间大部分都花在化学上了，我觉得自己的实力不应该是 70 多分，每次都觉得能考 90 多分的，但是成绩出来我就很失落，都是在 70 多分。可是您还在班里表扬我进步了，我现在对自己的要求已经降低了，只要能考 80 多分，我就会比较满意，可为什么始终都在 70 多分呢？我都快要没有信心了。”

德国诗人歌德说：“每个人都有足够的余力去实现自己的信念。”

杨利军早已关注到他分数停滞的现象，也已经预料到了他的疑惑和难过。杨利军对他说：“你这个现象是非常正常的。你要是一下就考 90 多，才不正常呢！”学生向他傻笑，但还是两眼疑惑。杨利军对他给出了中肯评价：“你现在就像在跨栏，以前你对自己的要求只有 70 厘米，很轻易跨过去了。现在你想跨过 90 厘米，虽然看似只差 20 厘米，但是就是这 20 厘米的高度，需要你很多次的练习，很多次的积累，只有有了前期的积淀，你才能顺利跨过。毕竟进步和飞跃需要有一定量的积累，才会有质的突变。一旦有了质变，只要你继续保持学习的劲头，就能一直处于 90 分的高度了。”

他似乎明白了，自己提出要求：“老师，您更加严格要求我吧，我相信自己一定行。”杨利军感到很欣慰，在以后的一次单元测验时，他考了 90 分。阅卷后他都抑制不住自己的高兴，一下课就跑去告诉他这个好消息，肯定地说：“量变引起质变了，继续加油。”他笑了，说他的化学终于开窍了，很感谢老师的鼓励和帮助。

杨利军在总结自己的工作时说：“对于如何帮助‘学困生’，我的经验是，‘用心了，就做到了’。在帮助这名同学进步的过程中，我也提升了当教师的自我效能感。懂得了关注学习成绩暂时落后学生的重要性，也更加明白教师在这个过程中的重要性。任何人在完成一件任务的时候，会考虑做这件事情的意义以及自己是否有能力去做这件事。当确信自己有能力做这件事，并且能达到自己预想的结果时，他就会积极努力地去做这件事，这种预计就是‘自我效能感’。如果最后真正很好地完成了某个任务，那么则可获得很高的自我效能感。而无助的学生，自我效能感低下。越是成绩差的学科，越觉得听课听不懂，作业也越是徒于应付，学起来越是没有动力，也越不喜欢找该学科的老师交流……这些学生在该学科的学习上基本上处于习得无助的状态。自我效能感低下成为学习成绩提高的掣肘。自我效能感不仅会影响学生对学习活动的持久性，影响学生对待学习困难的态度和情绪，还会影响后续的生活。由此可见，对于学生的教育不仅仅是奥苏贝尔的意义学习中的内容——颈部以上的学习，更应该关注学生的情感、价值观的教育，努力地保护和提升学生的自我效能感，让学生重新拾回学习的自信心。”

美国教育家罗杰斯阐述学习观时曾强调了：一、学习具有个人参与的性质，即整个人都投入学习活动，包括情感和认知；二、学习是自我发起的，即便推动力或刺激来自外界时，但要求发现、获得、掌握、领会的感觉是来自学生内部；三、学习是渗透性的，它会使学生的行为、态度乃至个性都发生变化。按照罗杰斯阐述的学习观来审视教学活动，教师应该从人本主义出发，多为学生提供学习的资源，营造一种促进学习的气氛，使学生知道如何学习。学生的情感与认知一样，是教师影响的结果；学生自发学习的动力的源泉往往还是教师；教师对于学生学习意识的渗透，则是心灵的灌溉。

杨利军在总结这名“学困生”的改变过程时，对教育方法有了更深刻的认识：信任、宽容和赏识的力量对于学习成绩差的学生能产生更强的作用。信任，相信每一个学生，让学生也信任你，师生之间建立起高度信任的关系，是和谐相处、共同进步的前提。宽容，有时候会成为学生的一种责任。而让学生懂得承担教师宽容背后的责任尤其重要。赏识，从多元智能理论出发来看，学生都是各有特长的，教师运用好“皮格马利翁效应”，充分挖掘学生的潜能、个性，就一定能提升他们的自我效能感。

思维碰撞，须臾所得甚多

思维碰撞能暴露出学生知识上的欠缺和思考方法上的不足，教师要经常引导学生开展讨论和交流，让学生在语言交锋中受到触动和启发。

王秋寰是北京四中的数学教师，有一天在课间休息时，学生张凡找到她：“老师，您看昨天留的思考题我这样想对吗？”王秋寰把张凡的作业本拿过来很认真地看了一遍，虽然方法有点绕，但是解题过程还是正确的，从一步步的推导看得出，确实经过了细致的思考。“不错，”她合上本子交给张凡，接着问道，“你认为还有其他方法吗？你和其他人讨论了吗？”“没有，我再想想吧。”他欠欠身，拿着作业本转身走了。王秋寰昨天在课堂上说得很清楚，对所留的苏联教育家赞可夫说：“教学方法一旦触及学生的情绪和意志领域，触及学生的精神需求，这种教学方法就能发挥高度有效的作用。”

作业要在小组讨论过后，集体给出答案，看来张凡并没有听进去自己的要求啊。王秋寰一边想着，一边往办公室走。她还没走到办公室，又有一名同学拿着一张纸兴冲冲地追上她说：“老师，您帮我看看……我是这样想的。”说完，他一边展示他的演算纸，一边眉飞色舞地解释着。还是那道题，但是个不同的想法。王秋寰耐心听完，没有急于给他评价，而是问道：“你和谁讨论过吗？”“还没……”看着他期待的神色，王秋寰微微一笑说：“别急，我说了是讨论作业啊，去和张凡讨论讨论，再来找我吧。”

等这名同学走后，王秋寰陷入了思考。这样的题目，对于实验班的同学来说，解题过程本来并不困难，但是似乎他们并没有意识到教师留讨论作业的真正意图。题目本身远没有思维加工的过程价值高，许多课堂上没有更深入展开的内容，只有在讨论的氛围下，靠着思维的碰撞得出结果，才能有新的发现。这个过程中的感受和收获岂是一道题的正确答案可以代表的？学生不和别人讨论是否另有原因呢？

第二天课堂上，王秋寰特意找了一道需要进行复杂思考的题目布置给学生，并要求四人一组先讨论想法，再选一个小组代表为大家解说。果然不出所料，2 分钟过去了，班里的讨论仍然不热烈。几个数学特别好的学生的举动更为突出：一个头低低的，显然在深度思考；一个正很着急地奋笔疾书；还有的特意把头偏向了同桌的另一侧……

王秋寰想了想，突然打破沉静，大声说：“我打算一会儿选讨论最不热烈的一组做代表发言。”这话一出口仿佛一石激起千层浪，刚才游离于大家之外的学生立马加入到小组讨论中来，急切地询问其他人是否有什么新发现。于是，王秋寰故意看错时间多给了他们 2 分钟。

最终，对于这道题同学们得到了很多好想法。先是有人提供了自己的发现，然后其他人又受到新的启发，好像是多米诺骨牌的效应，这节课进行得非常顺畅。直到下课铃响起，全班同学和王秋寰都没有注意到时间的流逝，她和学生一起沉浸在不同解题方法的变换和方法的归纳中，下课时大家都意犹未尽。

做总结时王秋寰这样对学生说：“还有其他想法的同学，课下可以继续交流。看看你的同桌，他不仅可以是一个竞争者，激励你前行，更可以是一个很好的伙伴，与你共同进步。”

王秋寰想，不用多说了，思维碰撞所产生的学习效果，学生们通过这道题的讨论已经完全懂得了。

教师引导学生进行讨论学习，学生的思维可以呈现出开放的状态，不同的看法、不同的解题思路在讨论中互相碰撞、形成反馈，可以激发学生的想象力，促进学生思维的快速发展，提高思维活动的有效性，从而收到更为显著的教学效果。

演英语话剧，至博而约于精

教师组织开展学生感兴趣的活动，在学生倾情投入的过程中拓展所学的知识，是高效学习的好办法。只要教师勇于勤奋探索，凝众智于一处的教学方法就会层出不穷。

北京四中英语教师俞平，一次英语课上带领学生们观看了一部英语话剧，发现全班学生都看得十分投入，课后讨论也非常热烈，甚至有些学生还在课后激情飞扬地模仿话剧里的台词和动作娱乐。于是，俞平突然萌生了一个想法：如果把英语课也戏剧化，让学生在戏剧中学习英语知识、展现自我个性、寻找快乐并体验人生，这样一举数得的教学方法是多么难得的好方法呀。

俞平是个行动力很强的教师，说干就干。他把整个班级划分成了若干小组，每个小组大体为6名学生，优等生、中等生以及“学困生”平均分配。每组选出一名组长，具体负责督促检查本组成员各环节的进度。俞平要求每组成员在组长的带领下共同讨论确定一本英文小说作为阅读任务，期中考试后再共同确定将某个章节作为素材并把它改编成剧本。剧本编写完成后交给俞平审阅通过。同时，组长根据每个组员的性格特点、英语水平和角色需要来确定每个人的角色，尽可能做到合理分配台词。水平高一些的组员可多分配台词，口语新西兰教育家蒂沃德说："摆在教师面前的大问题是如何教会学生快乐、自主地学习。因为教给学生知识只是开端，帮助学生学会学习才是教师的最大任务。"

稍弱一些的则少分配一些台词。这样，可以使每一位学生都有展示的机会，并且在原有的基础上得到提高。排练在期中考试两周之后开始进行。整个计划公布以后，学生的兴趣被调动起来了，都十分期待在表演话剧时展现自己的才华。

在以后的排练过程中，学生们听录音、练发音、模仿语音语调、融入肢体语言并准备相关道具。令俞平感到意外的是，很多学生都达到了如醉如痴的地步。不少家长特意打电话或发短信来表示感谢，说以前听不到孩子在家读英语，而在短剧表演的准备过程中，孩子们一到家就开始听录音并进行模仿，练习得非常专注，唯恐表演失误，影响了整个小组演出效果。

学生们为了改编出好的剧本，需要经常到图书馆和互联网上查找资料，有些语言表达不上来要自己组词造句，极大地丰富了他们的英语知识。同时，在编写剧本和排练过程中遇到解决不了的问题时，他们还要想办法向老师和同学请教，这在很大程度上培养了他们解决问题与自主学习的能力，也培养了他们的组织能力、协调能力，增强了同学之间的团结、合作、互助精神。最重要的收获是通过创作剧本、排练，为学生们提供了较为真实的语言交际环境，学会了使用他们正在学习的语言来传达自己的思想和情感，提升了用英语进行交际的能力，也增强了他们对人生的认识与体验。

戏剧演出定在期末考试前一个月。由于场地及时间的限制，无法全年级统一进行，所以采取分班进行的方式。每组在台上演出时间为10—15分钟，所有组员均须上台。俞平就像个总评判那样坐镇审察，根据学生在台上的语音语调、语言流利程度、舞台表现力等因素给每个学生打分（总分为15分），并把此成绩记为该学生的口试成绩、计入学生的期末成绩。在学生表演的同时，俞平还专门指定了学生进行摄影、摄像，把学生在台上的每一个精彩瞬间记录下来。演出结束后，俞平就在课间或课上放映一段学生自己在台上的演出片段，极大地活跃了课堂气氛，激发了学生的学习兴趣。

从这次英语话剧表演以后，俞平将这项内容完善成英语教学中的传统节目，也成了学生们翘首以盼、体验人生的最佳契机。还有一项特别的收获是，由于这次话剧演出的成功，俞平的英语教学和学生学习英语的劲头都有了变化。课堂上充满了生机和轻松愉快的教学氛围，师生之间的交流和互动更加频繁，学生增强了运用英语的信心。外语学习最关键的一个步骤就是应用，学会应用就能“更上一层楼”。

演英语话剧是英语高效教学的重要方法之一，教师可以大胆借鉴这种方法，在学生学习热情、创造力被激发出来时因势利导，可最大限度地提高教学效果。

解“火箭”心结，力行而后知之真

教育是学生完善学业的过程。对于教师而言，在与学生的交流、沟通中，也同样在进行人格的自我完善和认知能力的提升。

北京四中 2012 届高二（4）班的小尚同学是个帅小伙。教师康帅曾教他们班的通用技术课，在整整一年的教学过程中，康帅与这位有个性的学生结下了“恩怨情仇”。

第一学期，小尚就给所有同学和教师留下了深刻印象。当时康帅对学生的要求是，一个学期一个小组（2–3 人）做 1 个悬臂梁。小尚同学就像一个任劳任怨的工匠那样，每天放学后他都带着图纸和材料，来到通用技术课的教室，一干就是 3 节晚自习，精心制作、反复测试，乐此不疲。最后竟然自己独立做了 9 个悬臂梁！他在写制作感受时说：“一学期的通用技术课，我最大的体会就是我们要在不断地发现问题、解决问题的过程中前进，要敢于创新，哪怕最后事实证明最传统的才是最宝贵的。单从时间的角度来说，做悬臂梁花了我不计其数的时间。中午、放学几乎都泡在通用技术课的教室，最晚到过 9：30。每回都是满手的胶、满身的白粉末，带着咕咕叫的肚子回家。其实每回干的都不是什么太有意思的活，一直在不断地自我否定、修改、补胶，有时候忙活半天最后什么也没得到。这虽然累，但不觉得无聊。我喜欢既动手又动脑的过程。”

小尚的这种执着感动了同学们，也感动了康帅，感动了整个教研组的所有英国教育家约翰逊说："教育的最终目的，就是为了明辨是与非、真与伪；并使人倾向于善与真，排斥恶与伪。"

老师。每当有人说起做9个悬臂梁的那个学生，就是指小尚，他也因此在全年级小有名气，康帅对他也十分关爱，带他来通用教研技术组做各种试验。

康帅在第二学期启动"月球计划"项目，小尚带了三本大厚书来上课，全是大学里有关火箭发射原理及工程实施的书，当时他的志向是考北航，他一个人一组，锲而不舍、埋头苦干，花了大量的课余时间做研究、做测试，期末最终制成了一个无线遥控的火箭发射装置，效果十分逼真。他的作品被评选为校级优秀作品，全年级200多件作品只有25个入选。学校要为这些学生和他们的作品录像，以保存资料，康帅负责整体的安排。两人"结怨"在录像的过程中，心理上的坎一直跨越不过去。

录像时现场学生特别多，等候和彩排的都有，场面非常复杂，听说要有校外领导来参观，现场气氛又立刻紧张起来。康帅尽力安排好每个组的录像顺序，免得耽误各方的时间。当时有很多学生围着他，询问时间的安排和该怎么面对镜头、说什么，康帅不厌其烦地告诉每个学生应该注意的事项，这个时候，小尚带着模型来找他，看了看场面，挤过人群，他向康帅撇了一句："老师，我在这里录不了！"

康帅看了看周围的学生跟他说："你等等！"他心里明白，小尚的那个模型是可以实现火箭发射的，需要到操场录，但机器只有一台，周围还有这么多学生等着，他的意思是让小尚先等等，最后再到操场上给他专门录像。

小尚显然没有理解康帅的话，愤愤地说："那我不录了！"。他显得有些着急，康帅猜测他当时的心里可能是在想："我做得这么好，为什么不让我先录？"或者是他误会了康帅的意思，以为只能在这里录像。小尚一扭头，走了。康帅看了看其他学生，又看了看他的背影，没说话。心里那个气呀。你怎么就不知道等会儿呢！好赖话听不出来吗，白疼你了。录像期间，康帅又让他们班的若干学生分不同批次去叫他回来，但始终无果。

待所有学生都录完后，康帅出来送参观的领导，看见了在校园里忙活的小尚。人家也有自己的办法，找了几个同学，支了一个小摄像机，自己录上了。

当时康帅还有许多事要安排，送领导出了楼门后就返回了。据后来同事反馈，领导还走上前去问了问，你做这个模型有什么感受啊？小尚说："没什么感受，挺好玩的。"显然他还在生气。康帅听了同事的讲述非常生气，心想这孩子怎么不懂事啊，当着这么多人，怎么能这么说话呢。

之后的一段时间，康帅一直耿耿于怀，心想自己这么爱护这个学生，怎么最后是这个结果呢？他也和同事们聊起过这件事，讨论问题到底出在哪里呢？是当时时间紧？提前没有沟通好？说的话出现了歧义？还是事情就是这么巧？同事们给他的答案是，孩子就是孩子，有时候别要求得太多，等他长大了会明白的。康帅也只好这样安慰自己。

一年时间很快就过去了，转眼间他们高三快毕业了。照毕业照那天，康帅想把这个"心结"解开，别在小尚离校时还留遗憾。他特意告诉他们班的学生，集体照结束后，他要去班里找谁谁谁合影。等到了班里，唯独小尚不在，康帅被告知他已经回家了，待和其他几名学生合影后，康帅默默地回到了办公室，心里无比落寞。

他们毕业了，康帅没能抓住这个最后的机会，把自己和小尚的这个"心结"解开，看来是要留作终生的遗憾了……为什么当时自己不能耐心一点呢？为什么一年的时间里，自己不能放下教师的架子，主动找他谈谈呢？要是因为这件事，这个学生的心里有阴影了怎么办呢？他很心酸，很懊悔，很自责，唉……

暑假转眼就过去了，九月，新的学期开始了，学校又迎来了一批新生。忙碌的工作也接踵而来，应接不暇，但康帅始终提示自己要耐心地对待每一个学生，不要留遗憾！

两周过去了，一切恢复了平静。一个普通的下午，康帅在办公室忙着备课，一个打扮得很时尚的小伙子推门进来了，他不经意地抬眼看了一下，接下来的半秒钟，他的大脑在迅速地思考这个学生的名字，突然他站起来高兴地惊呼道："你怎么来了？"同事们也纷纷抬头。

"这不是教师节吗，我们回来看老师！"小尚憨厚地回答道。

康帅快步走过去，握住小尚的手，仔细地打量他，"长高了！壮了！"嘴里不住地夸奖着，心里非常温暖。“考哪了？”他激动地问。

“中国科技大学少年班。”小尚答道。

“好，好，好，有出息！好好学，将来一定是好样的！”康帅使劲摇着小尚的手说。旁边的同事也纷纷过来为他叫好。

小尚提出了一个请求：“老师，我们想看看教室，行不？”一般回来的学生都特别留恋他们曾经洒下过汗水的教室。康帅说：“好，我去给你们开门。”他马上去找地下教室的钥匙，出去开门。

与小尚一同来校的同学都下去了，康帅无法控制压抑了许久的情感，他心里明白，小尚能主动回来看老师，证明他长大了，懂事了，他不想在人生中留下遗憾，如果自己这个时候不解开这个“心结”，可能以后就没有机会了……康帅又一把拉起小尚的手，紧紧地握住，四目相望，眼睛湿润的他慢慢地说：“作为老师，我永远都爱自己的学生。”小尚看着他，眼睛也微微湿润了，他回答说：“老师，我知道。”刹那间，两人彼此的“心结”打开了，怨怼就此消失得无影无踪，彼此的心里充满了温暖，充满了阳光。康帅的心里很享受“解铃”的过程。

小尚和几名同学离开后，康帅反思了一下整个事件，认为自己作为教师还是有失误的。在以后工作中，首先要做到有耐心。教育无小事，教师要处处为楷模。其次就是即使和学生出现了小的摩擦、矛盾或误会，在冷静分析后，要放下教师的架子，主动和学生沟通。只要把事情说开了，学生都能理解，不要把心结留作终生遗憾，更不要给学生留下心理阴影。

第六章

打造超强思维，让学生变聪明

由于海水温度的不断升高，南极冰层因气候变化而融解，造成了帝企鹅的食物来源急骤减少，它们的栖息环境正在恶化，这些都严重威胁了帝企鹅的生存。整个帝企鹅家族要以超强的能力继续在世界上生存。我们人类亦是如此，生存环境变得越来越不乐观，不管是自然环境还是人文环境的变化都要使每个人的生存与发展遇到越来越多的挑战。

“帝企鹅教育”的主要做法，就是学透北京著名教师孙维刚和北京四中优秀教师的教学方法，打造学生的超强思维，使不聪明的学生变聪明，使聪明的学生更聪明，使每个人在未来的生存与发展中展现出超常的竞争力。

训练结构性思维，弱者必立

孙维刚认为，教给学生知识是必要的，但教师更需要教给学生驾驭知识的智慧，从学习知识中形成数学观念，学会以数学的逻辑思维去解决学习以及以后工作中遇到的各种问题。正如日本数学教育家米山国藏所说：“学生们在初中、高中等接受的数学知识，因毕业进入社会几乎没有什么机会应用这种作为知识的数学，通常是出校门不到两年，很快就忘掉了。然而不管他们从事什么业务工作，唯有深深地铭刻在头脑中的数学精神、数学思考方法、研究方法、推理方法和着眼点（若培养了的话）却随时随地发生作用，使他们受益终身。”数学能使思维开放出最美的精神花朵。学生在学习数学时，需要经历概念的引入，定理的证明，结果的推理，规律的探求等诸多过程。在这些思维活动的过程中，是什么促使学生一步一步向前走，又是什么使学生的智慧逐步提升？那就是数学思维能力的作用。

孙维刚认为：“教师在进行数学教学时不能仅仅满足于难点怎么突破，重点怎么讲透，不能总是知识、知识，到头来还是停留在知识上。数学的教学目标应该是：通过知识的教学培养学生的能力，在能力提高的基础上，不断发展和完善学生的智力素质，造就学生强大的头脑，把不聪明的孩子变聪明，让聪明的孩子更聪明。”孙维刚在他的数学课教学中，注重运用数学知识点训练学生结构性思维，在智力素质提高的基础上，学生轻松地用一年时间学完初中三年的数学课程，用三年初中时间学完高中数学课，并能取得很好的成绩。

“最蹩脚的建筑师在建筑之前，也已经在头脑中形成了对建筑物的主观构造，形成了计划、草图。而蜜蜂再灵巧，也只是本能地去建筑蜂房，而不会先形成对蜂房的认识而去建筑。”马克思的这段话说明，人比动物高明的地方在于，人的意识具有目的性和计划性。如果把这段话用在孙维刚的身上，那么可以这样说，孙维刚比一般教师高明的地方在于他的课堂具有强烈的结构意识。

许多研究孙维刚教学方法的人，把目光投向了孙维刚结构教学法是什么的问题上，而对于学生结构意识的培养被忽略了，但这并不能说明这一点无关紧要。相反，培养学生的结构意识这一点极其重要，而且是在学习、研究孙维刚

日本教育家原田说：“学习是需要创造的，有创造才有兴趣可言。作为教师，就要走近学生，走进学生的心里，真正从创造的视角出发进行师生间的一系列活动，这样才能向创造性学习迈进。”

高效教学方法之初，就要去思考的头等问题。

孙维刚导课的技巧是先向学生提出问题。他在讲授一堂新课之前总是这样问学生：这堂课，我们应该学习什么了？这个看似简单的问题，其实意义深远。学生每多思考一遍这个问题，整个知识框架便在他们的脑海中再多重现一遍，孙维刚是想通过这样一个简单的提问，提醒学生进入思考状态，通过瞻前顾后，在脑海中形成一个个知识串，养成“见树木更见森林”的习惯，最终期望培养学生在学习时运用结构性思维看待、解决问题。

学生结构意识的培养不仅可以开阔视野，而且对于学生自主学习能力的强化大有裨益。学生将知识放在一定的结构之下，当然这个结构肯定比知识本身简单得多，也便于理解记忆得多，对知识的把握肯定是以结构为单位而发生的，单从数量上来说已经是“事半功倍”了。

学生如果在数学课的学习中，还能够细想结构从何而来，那么不难发现，其实所谓的结构不仅仅是一种外在的表现形式，更是对知识反复提炼、浓缩之后的逻辑关系的掌握。一个好的结构可以极好地反映学生对问题的认识，那么反复去思考结构的问题，其实也是站在更深层次的高度去思考解决问题本身所需要的方法。

结构性思维使人在做事情时目标清晰，高度概括而且全面分析实现目标所需的各种信息，而且有达成目标的具体方法。学生通过数学解题过程的训练，一旦养成了从结构角度去思考问题的习惯，在自主学习中便容易触类旁通，多方联系，对问题的认识自然会比普通学生要高明，对新知识产生深刻印象，因此记忆更加牢固，运用更加得心应手。

教育是个漫长的过程，思维方式的培养更需要潜移默化，教师要在日常学习中时时提醒，时时熏染，不能懈怠，也不能以急功近利的心态寻求速成。学生只有对于结构有了一种不知不觉的意识之后，才可能在教师的带领下，驰骋于知识的海洋，随意遨游，解决学习上的问题时做到信手拈来。对于这样的头等大事，孙维刚以持之以恒的意志坚持了数年，因此取得了生源普通却能有一多半学生考上北大、清华的突出效果。

思维突破，疑者必明

孙维刚在数学教学中，启发学生从不同角度对问题进行分析，从多个侧面进行思考，通过一题多解、一题多变、一题多用、多解归一等形式让学生从单一的思维模式中解放出来，促进学生对数学知识的灵活运用，拓宽学生的解题思路，引导学生从众多解决问题的方案中找出最佳方案，培养了学生的创新思维能力。

孙维刚数学教学中引导学生从不同的角度、不同的方位审视分析一道题中的变量与不变量的关系，用不同解法求得相同结果。一题多解在最大程度上激发了学生发现和创造的欲望，加深了学生对所学知识的深刻理解，训练学生对数学思想和数学方法的娴熟运用，锻炼学生思维的广阔性和深刻性、灵活性和独创性，从而培养了学生具有良好的思维品质，发展学生突破性思维，达到提高智力水平的目的。

孙维刚引导学生进行一题多解的方法是启发和联想。联想是由一事物想到另一个事物的思维过程，它是创造性思维的起点。课堂上启发学生展开联想，进行发散性思维训练，有效地帮助学生突破感官上的限制，扩大感知领域，唤起学生对已有知识和经验的回忆，沟通新旧知识之间的联系，使学生进入多角度解题的构思、猜想状态，时间久了便习惯成自然，一题多解不再是困难的事情了。

学生思维状态的呈现方式，恰如一个人进入一座刚刚落成的大楼，上上下下转了几圈，很快陌生感就消除了，也很快做出了自己的评价。做题也是这样，一题多解才便于充分吸取这道题的营养，孙维刚认为越是难题，越要如此。如果学生费了很大的劲才想出了一种解法，那么，再去想第二种、第三种……这时，自然不会感到有多么困难了。

学生在孙维刚启发下进行一题多解时的收获，比一般教师常用的方法——

苏联教育家普良尼施尼柯夫说：“知识不是某种完备无缺、纯净无瑕、僵化不变的东西。它永远在创新，永远在前进。”

匆忙地把定理证了一遍，然后写出两三道以它为工具的应用题目，让学生自己演练，无论从知识的掌握上，还是从思维锻炼上都不知要好多少倍，效率要高出多少倍。

在物理课堂上，教师都会向学生提出这样一个问题：要想把铅球推得最远，最佳出手角度是多少？学生回答是45度。孙维刚在课堂上也问过学生这道题，学生的答案也是如此。但是他告诉大家：这个答案是错的。45度是在理论环境下的角度，而实际环境是人的身体有一定高度，铅球飞行时有空气阻力，所以并不是简单的抛物线。推铅球要获得最大的距离，其出手的仰角应小于45度。这角度随铅球出手速度的增大而增大，而随出手高度的增大而减小。就是这样一个小小的问题，引发了孙维刚的无尽思考：为什么这么多成百上千的学生，而且多是学习上的优秀学生，竟不曾有一个人发现？这是条条框框割裂方式的教学肢解知识的结果，把孩子活生生的思考也肢解了。因此，抓智育，不能仅限于知识，要通过知识的教与学，不断发展孩子的智力素质，造就他们强大的、善于思考、探索未知的头脑。

在孙维刚的数学教学过程中，几乎每道例题、每个定理、每个公式，都是引导学生自己通过思考、推理、论证去完成的。因此，孙维刚训练学生，一要“敢”提出问题，二要“会”提出问题，三是在发现问题后，找出此知识与彼知识间的相互联系。著名教育家陶行知曾说：“发明千千万，起点是一问。智者问得巧，愚者问得笨。”教会学生会提出问题、解决问题，是教育的核心。

在北京外国语大学的外教课堂，一位美国教授讲授“历史与宗教”的课程，当他把自己该讲的都讲完之后，问道：“大家有什么问题？”下面的学生谁也不出声，他请求说：“大家要提问，否则我无法知道大家听懂了多少。”但还是没有人举手，这位教授显得非常不耐烦，不，甚致是有些愤怒了。没有人提出问题，他认为这是中国学生对他的不尊重。他用一只拳头敲着桌面，喊着：“没有哪一种知识是提不出问题的，难道我讲的每一句话都无懈可击吗？是你们根本没听课还是愚不可及？”

教授的这番话，让课堂的气氛立刻紧张起来，学生们吓坏了。大家从幼儿园开始就被训练着双手背后，认真听讲，长大后开始记笔记，背课文。谁记得全，背得好，考试就能拿高分。提问的通常是老师，他们期待学生能够还给自己曾经讲过的“正确答案”。就这样，中国的学生在十几年严格的教育中学会了如何应付老师的提问，而自己已经不习惯、不会提出问题了。美国教授从衣袋里拿出一张一美元的钞票，高高举起，涨红了脸大声说：“谁能提出一个问题，任何问题，我就奖励他一美元。”

这是著名主持杨澜在读大学时亲身经历的一个教学案例。她说：“在美国教授晃动的一美元下，所有的学生都不知所措。”

也许在一般教师看来学生提不出问题并非有多大的危害，可这种危害是隐形的，一旦爆发出来，后果将不堪设想。因为提不出问题说明学生的想象力匮乏，创造力枯竭。而创造力是一个社会进步的推动力，想象力是科学发展的源泉。如果一个民族的多数人都缺乏想象力和创造力，那么未来的希望将会十分渺茫。

孙维刚深知学生提出问题需要观察、思考；需要借助想象力把知识和现象联系起来；更需要不断解放自己的创造力。在这一点上，孙维刚认为，提出问题和解决问题同等重要。因此，教师更应该激励学生提问，引导学生解决提出的问题，并对善于提问的学生加以赞赏和鼓励。

提智力素质，思以引而不竭

孙维刚把提高学生智力素质作为教学目的，不只停留在口头或口号上，多年来他呕心沥血，从教学实践中总结经验，形成了一套为达成这一教学目的行之有效的科学方法。他认为学生的智力素质必须通过对知识的学习和掌握才能获得发展。

孙维刚说：“智力素质是最高层次的素质，是人具备超常的思维方式，也可以理解为通常意义上的聪明。学生具备了这种素质，在任何困难或课题面前，都能纵横驰骋、运筹帷幄、决胜千里，逢山开路，遇水架桥，无往不胜。但英国教育家斯宾塞说：“在教育中应该尽量鼓励个人发展的过程。应该引导孩子自己进行探讨、自己去推论。给他们讲的应该尽量少些，而引导他们去发现的应该尽量多些。”

是，智力素质的发展，不是凭空得到的。”

孙维刚在教学实践中，通过知识的教育影响学生的思考方式，通过知识的教学培养学生的思维能力，发展学生的智力素质。但这个教育，不是随便怎么做都可以达到目的，而是在于教学的每个环节，每个问题的思考和精心安排，自觉地为实现培养能力发展、智力素质提高这个教学目的服务。

简单的应试教育不注重学生智力素质背后的本质规律，只能依靠反复做题，将学生淹没在题海之中，使之以蜗牛行走的方式向知识的海洋迈进。在学生心智成长的关键时期，一直使用这种方法，学生头脑会僵化，智力成熟的速度也会减慢，而带着思维禁锢的心灵成长，未来在事业上成功的几率就变得很低，甚至一生没有建树。

孙维刚通过几轮实验班的探索，总结出了提高学生的智力素质的一系列方法。他认为教学的目的不只是传授知识，而是知识之外的东西，是能力和能力之上的东西，这就是智力素质。学生的头脑逐渐“强大”了，在试题面前“运筹帷幄”“纵横捭阖”，难题自然是“落花流水”了。智力素质的提升不仅轻松解决了学生的学习问题，更令学生在未来的人生角逐中以积极向上的心态对待事业发展。

在运用教学过程发展学生的智力素质方面，孙维刚的主要做法有四种：一、站在系统的高度讲授知识，将数学及其他学科进行八方联系，触类旁通；二、着重向哲学观点升华，在方法论方面下足工夫；三、课堂上营造学生以超前思维向老师挑战的态势，在思维运动中训练思维；四、课不在多，贵在求精，一题多解，多解归一，多题归一。这些行之有效的方法，使得他的学生不仅有出类拔萃的成绩，更具备非凡素质和才能。

马克思主义的哲学的重点之一，就是世界上的万事万物是普遍联系的，而这些联系之间是有规律可循的。孙维刚运用数学训练学生的思维能力，让学生能够站在系统的高度看问题，进而升华到从哲学的高度认知世界，从而形成强大的学习能力，所以他的实验班不单数学成绩名列前茅，其他各科成绩也有显著提高。众所周知，能考上北大、清华绝非一门课程好所能成就，思维能力发展了，就起到了提纲挈领的作用。学生各科成绩都提高了，成为名校学子的目标自然而然地就会得以实现。

锻造学习能力，犹顺风而托焉

古人所说的“授人以鱼，不如授之以渔。”主要是指授人以鱼只供一餐，授人以渔，可获得本领。教师的课堂教学，其最终目的都是为了“授人以渔”。孙维刚深谙其中的道理，他关注的是如何教给学生受益终身的思维方法，培养学生学习的能力，让学生学会学习、学会思考，让学生真正成为学习的主人。孙维刚主要关注三个方面：

第一个方面，对每个问题追根溯源。

世上没有“没有为什么”的事物，引导学生们对每个问题追根溯源，这样产生的结果是：一、原来认为分散的、不系统的知识都有着不可分割的内在联系，可以用触类旁通的方式得以掌握。学习时就不是死记硬背，死读书，读死书，做到知其然，更能知其所以然。二、学生寻找“为什么”的过程，就是在找与这个问题相关联的事物，有助于形成自己的联想习惯和联想能力。三、学生在寻求新旧知识的联系与区别中，学习掌握新知识；四、在比较中学习新知识，需要站在系统的高度进行比较，并在寻找共性与个性中学习新知识，即使学的知识再多也不会觉得有负担，反而因为获得知识的成就感增强了自主学习的动力。

孙维刚认为，如果采用与自己的教学理念完全相反的方式方法，即“见森林才见树木”，会使学生认为知识浩瀚、复杂而产生畏惧心理，因此在寻找知识之间的联系和规律上，他注重培养学生达到浮想联翩、思潮如涌的精神状态，包括有时大跨度地跳跃和联想，即他所说的“情的联想，韵的相通”。

孙维刚在教学过程中，经常提醒、要求学生不要只停留在知识的掌握上，还要进一步上升到数学思想、逻辑探究的高度。他长期地、反复地在课堂上运用哲学观点，使学生也学会了用哲学思维指导自己的学习，从而升华了对知识

美国科学家爱因斯坦说："知识，只有当它靠积极的思维得来，而不是凭记忆得来的时候，才是真正的知识。"

的驾驭能力，提高了自己的智力水平。

第二个方面，激励学生的思维跑在教师的前面。

孙维刚认为学生的学习方法不得当有三个弊端：一、如果出发点仅仅着眼于知识，就会没有更高的探求目标，不利于发展智力素质；二、如果知识的学习靠多次重复才能掌握，这当然不如自己探求到结果的效果好，因为通过努力得出的结论才会记忆久远，甚至终生难忘；三、通过预习知道了课本要讲的内容、结论、推导过程和例题解法等等，学生在课堂上就谈不上有超前思维，甚至使教师的讲解也变得非常乏味。所以，孙维刚的学生通常不进行课前预习。

孙维刚认为，如果学生在课堂上思维总是跟在教师后面亦步亦趋，无论如何也成为不了课堂真正的主人。因此，围绕如何让学生成课堂主体这个问题，孙维刚将重点放在学生要有超前思维，不要总是跟着教师的思路走这个方向上。所以他无论是上新课，还是上习题课，都能很巧妙地引导学生对结论进行猜想，对学生的成长而言，这种超前思维习惯的养成对于思维能力、学习能力的提高是不言而喻的。

孙维刚在教育上有很多方法上的创新，比如，反对学生回家后先看书，看笔记，先复习后做作业。他认为在课堂听讲方式非常正确的情况下，宜先做作业，做完作业后进行小结，就是把新的体会、新的认识赶紧有条理地归纳记载下来。学生如果每堂课都这样做，积累到一定时间，再对一个单元或一种方法进行视野再扩大，重新做小结，只要坚持下去，学生的归纳能力、研究能力以及创造能力都会大大提高。

第三个方面，把做题变成突破思维局限的方法。

怎样才能把做题的作用发挥到最大，达到深化知识的目的呢？孙维刚说："题不在多而在精彩。"精彩是指题目本身集中了更多需要破解的秘密，而不只是对定义、定理、方法有复述的作用，在解题的思路上应充满活力、综合性强等等。

孙维刚曾将自己的教学理念做过如下解释："一题多解，可使学生身临其境，加深理解；多解归一，可寻求不同解法的共同本质，乃至不同知识类别及思考方式的共性，上升到思想方法、观点的高度，从而不断地抽象出具有共性的解题思考方法。多题归一，通过做题、掌握所学知识如何应用，通过应用，进一步加深对知识的理解。更重要的是，学生在一道题面前，能正确有效地进行观察、解剖、判断、决策、制定方案，加以解决，从而达到培养、提高分析问题和解决问题的能力的目的。所以，学数学及一切功课，都要做题。但同样是做题，效果却不同，这需要教师在教学方法上进行深入研究和不断地探索。”

掌握规律，便须知着力处

俗语说：“工欲善其事，必先利其器”，学生的思维能力是学生解题能力的“利器”。

孙维刚是如何培养学生有效解题能力的呢？主要有三种方法：

1. 走走停停，几度回首几度收获

教师经常使用的题海战术是指让学生扎在题堆里，一道接一道地做下去。孙维刚的做法完全相反，他要求学生不要一道题做出来了忙着做下一道，而是要停下来，回首刚才的解题思路，进行分析、总结、吸收营养，提高了自己的认识以后，再投入新的战斗——做下一道题。当然，这个停下来回首的时间是视情况而定的，有时长一些，有时短一些，也有时可以是几道类似的题目合并之后进行，但一定要进行。这就是高效的解题方法，即走走停停法。每次回首，是为了有所发现、有所发明、有所创造，继而有所前进。那么，停下来回首，回首的是什么呢？怎样的回首，才能起到良好的作用呢？一、看看这道题是怎么解出来的，完成解法的关键性步骤有哪些。二、回忆自己是怎么想出来的，为什么想出来了。三、是不是还可以有另外的方法来一一完成这道题，即试图一题多解。四、比较不同的解法，挖掘它们的共同本质，做到多解归一。五、审视这个“共同本质”，以前是否总结过？如果有，那么“存档”，这是普适性的思考方法；如果没有，也“存档”，是“预备档”，看看以后它是否又“冒出水面”了，如果是，即可转正，存“正式档”，实现多题归一。这就是孙维刚为学生设计的提高解题能力所必备的程序或所要走的路线图。

2. 学会运用规律，以一当十

孙维刚的学生在谈到他们的学习方法时说："学习平面几何时，我们从没买过练习册，甚至连课本上的题目都没有做完，孙老师不给我们留作业，只是建议同学们回家后看看课本上的习题，复习题和练习题则免看，课下几乎没见过课本以外的题目，但我们手中有孙老师带我们归纳的平面几何的几个表、立体几何的十几个表，掌握了这些，无论什么平面几何题、立体几何题，都难不倒我们了。"这位同学的话看似有些夸张，事实上确实是，他们对奇怪的、特别难的题目从来都可以轻松完成。他们在中考、高考、数学竞赛中的好成绩可以证明这一点。

孙维刚的学生不仅对于平面几何、立体几何的学习是这样，在代数、解析几何的学习中亦是如此。孙维刚会对学生说，我这里有四个"大规律"、十五个"中规律"、三四十个"小规律"，掌握运用娴熟了，那么，从初一到高三，从代数到几何，就没有不会做的题目了。正因为如此，学生们可以不进题海，又由于站在系统的高度，站在哲理的高度，运筹帷幄，纵横驰骋，课程学习的进度也大大加快了。

孙维刚的实验班，学生入学后代数与几何同时学习，但每周六课时的时间从不增加，由于孙维刚经常外出开会，实际每周也上不到六个课时，可是学生用了一年就学完初中数学的全部内容，而且增加了许多内容。例如，反证法、需要条件、逻辑、初等数论的某些知识、平均数不等式、排列组合等课本以外的知识。到初三毕业，则基本学完高中数学，包括代数、立体几何、解析几何等，并补充了排序不等式、柯西不等式等高等数学的一些内容。但是，"利器"只有在训练有素、勇敢坚强的战士手中才能发挥巨大作用。因此，孙维刚通过教学实践与学生一起总结出来了思考规律，在获得这些宝贵的规律和方法的过程中，学生的头脑已经不再是从前那样简单，而是上升为使用"利器"的战士的层面。因此，这些解题思考规律才能在全班的中考、高考、数学竞赛中发挥重大作用。

自从孙维刚带第一轮实验班时开始，来自北京各区县和全国各地听孙维刚讲课的教师，有一万人以上。有好多教师听完课后，向他要“大规律、中规律、小规律”的表。因为他们在听课时，看到了令人兴奋的生动情景，同学们表现出了很高的解题能力，而他们一个个到黑板上讲题时，常常说自己是根据某某规律，因而采取了某种构思。孙维刚对这些老师说，这些规律我们并不保密，但欲让它们发挥作用，我们经历了很长一个时期的“实践——认识——再实践”的过程，并且继之以“再实践——再认识——再实践”。同时，学生致力于提高自己的思维水平，造就一个强大的头脑，把通过实践、观察、发现、归纳的规律也作为造就一个强大头脑的一个方面。为此，孙维刚毫无保留地把他们的四个大规律告诉那些老师：一、深入进去，弄通情景；二、顺推分析和逆推分析相结合；三、换个角度看问题，运用思维的灵活性；四、要有广义对称思想。这四大规律看似没有什么特别之处，那么关键点是什么呢？是孙维刚在课堂教学中，通过潜移默化的方式让学生学会了怎么样运用这些规律，而这绝不是一朝一夕就能做到的事情。

现代哲学家牟宗三说：“步步学思，步步纠正，步步参透，必透至此，而后始学得哂然。”

3. 追溯其所以然，一通百通

孙维刚在与学生一起做题时，不但让学生弄明白了解法或证法的每一步，还让学生弄懂了解法或证法的酝酿过程，即这个解法是怎么想出来的，孙维刚称它为“要知道所以然”。关于这一点，孙维刚给出的启示是：如果教师只讲清楚解法，而没有讲出怎么想出了这个方法，同学们听讲时，一定要追出其所以然，他们可以这样问教师：“您为什么要往这儿来想？”如果教师回答不出，就一定要自己去想，去分析，把为什么这么想，包括过程中的一些重要转折或步骤，是怎么想出来的，都要弄得水落石出，达到这个地步，这道题学生才算真正地弄懂了，这道题对他自己才会有价值，使他的解题能力得到一些提高。否则，这道题会做了，再换一道呢？又得请人讲或者看书上写的解法了，因为，他自己不会思考，没有弄清楚“所以然”。教师不能是灌输的方式讲课，学生也不能以被动的方式学习。学生既要能“问出其然”，更要讲出“所以然”，这个过程中如果教师自己“败走麦城”，也就是让学生先弄明白了“所以然”，这就是学生超越了老师，自己通过独自思考获得了“宝贵财富”。

孙维刚对学生不留笔头数学作业，只少量留些题目让大家思考，但思考一定要是“更知其所以然”的。学生升入初一以后，随着头脑一天天变得强大起来，水平提高起来，表达“其然”也好，表达“其所以然”也好，都要简练得多，而且愈来愈快，愈来愈精练，迫使每个同学的大脑高速运转，日复一日，年复一年，他们就习以为常了，这是一个强大的头脑日臻成熟的标志。

孙维刚训练学生追求“所以然”，在这个过程里可以揭露学生学习中许多模模糊糊的观念；如果不这样做或者学生不习惯经常这样做，会造成观念上的似是而非，似懂非懂。通常情况下，孙维刚要求学生把“所以然”追溯到总结出的解题思考规律上才能停止。

此外，孙维刚在教学中还经常运用两种方法：一、数与图形结合法。在中学数学里，数与形相结合是非常重要的，可以帮助学生形象直观地理解概念、定义、性质、定理等等，如通常意义上的解析几何方程曲线，代数里函数的图像等，对学生理解题意有很大的帮助。但孙维刚提出的“数与图形结合法”是另外的意思，是对一些并没有前面所述的原本数学中就规定有图像或曲线的代数问题，甚至是解题的思考过程，图形化、形象化、生动化，出现逼真的情景，使题目自然而然地化难为易，很快得到解决。二、引申发展法。数学虽然是抽象的学科，孙维刚则促发学生浮想联翩、任意驰骋。这里所讲的“引申发展法”是从解题需要举一反三的角度提出的，使学生的思维突破自身的局限，强化了思考问题的深度和广度。

研究与追溯，学问思辨而求之

任何事情的过程和结果都是一种累积的关系。过程是形成结果的条件积累，结果是过程延续的终点。对于教学而言，学生熟悉了推出结论的过程，就会对结论印象深刻。其在大脑里的烙印必不同于教师直接揭示出来的结论。

许多家长都给小孩出过一道智力测验题目：有 8 个小球外形一样，其中有 7 个重量相同，只有 1 个较轻。现在有一架天平，你能用它称重而把那个小球找出来吗？一般情况下有两种方式可以找出较轻的那个小球：

第一种方式。把 8 个小球分成三组，第一组、第二组每组都是 3 个球，第三组 2 个球，把第一组和第二组分别放到天平的左盘和右盘上，第三组留在一边。如果这时天平左盘、右盘平衡，那么较轻的球在第三组的两个球当中。这时，把第一组、第二组的球从天平上取下，把第三组的两个球分别放在盘子里，哪头翘起来，那一头就是较轻的小球。

第二种方式。如果把第一组、第二组分别放在盘子里，天平不平衡，则把下沉那个盘子上的 3 个球收走，因为这 3 个球的重量都是较重的。这时从翘起来的盘上的 3 个球中拿下 1 个在手中，把另 2 个球分别放在天平的两个盘子中。如果天平的左盘、右盘不平衡，则翘起的那个盘中的球即是要寻找的较轻的球。如果天平的左盘、右盘平衡，那么，手中的那个球就是要寻找的较轻的球。这个问题到此就解决了，小伙伴们拍手称快，完事大吉。

孙维刚对于这道题则不会这样轻易结束的。他会想，在进行“第二种方式”称重时，应该能从较轻的盘上的 3 个球（其中有 1 个是较轻的球）中用天平称 1 次，就把较轻的那个球找出。那么，第三组球的个数如果是 3 个，即小球的总数是 9 个，不是也可以用天平称两次而把那个较轻的小球找出来吗？这个过程是：把 9 个小球分成 3 组，每组 3 个。把第一组和第二组的小球分别放在天平的左盘和右盘。

“第一种方式”，若左右平衡，则较轻的小球在第三组的 3 个球中，用前面写过的方法称 1 次，即可从中把较轻的 1 个找出。

“第二种方式”：若左右不平衡，则较轻的盘中的 3 个小球中有 1 个是较轻的，仍用前面写过的方法到天平上称 1 次，即可从中把较轻的 1 个找出来。

孙维刚的思考到此结束了吗？没有。他又在想，从两次称的过程现象深入实质，可以得到这样的结论，那就是，每称量 1 次，能把目标的数量缩小三分之一，那么反过来看，每增加一次称量的机会，称量的对象的数量不就是可以扩大为 3 倍吗？这样，孙维刚就发现了一个公式：3 的 N 次方。意

瑞士心理学家皮来杰说：“一切真理都要学生自己去获得，或者由他重新发现，至少要由他重建，而不是简单地传递给他。”

思是，有 a 个小球外形一样，其中（a–1）个的重量也相同，另外 1 个较轻，当 3 的 N–1 次方，小于 a，小于等于 3 的 N–1 次方（N 为自然数）时，必可把其中那较轻的 1 个球找出来。例如，小球总数为 243 个时，需要称 5 次；但总数为 244 个时，则需要称 6 次了……如果上面所说的另外一个是较重的，那么结论完全相同。

这实际上就是对一个简单问题的研究与追溯。孙维刚通过引导学生做这样的一种研究与追溯，使学生进入到学习的自觉、自主的规律当中。

孙维刚说，在现实生活中，这样进行研究与追溯的机会随时都有，就看教师是不是自觉地去抓住它们引导学生进行思考，并进行自觉、自主的研究与追溯，这是培养学生解决实际问题、培养学生创新精神和发展智力素质的最好方法。

强化教育功能，知者随事而制

有教师曾这样评价孙维刚："孙维刚的经验好、方法也好，但是不能学。"对这种说法，孙维刚持否定的态度，他认为凡是好的东西都是可以学的，只要用心学也是可以掌握的。

事实上，学习孙维刚的教育思想和教学实践应当从根本上把握，这个根本就是："教师要从讲授知识为目标，转移到以促进学生的智力发展为目标。"

"造就一个强大的头脑"是孙维刚施教的根本目标。他所有的教学实践就是在一步一步地实现这个目标。从大的视角来概括孙维刚的教学实践，就是从根本上"解放"学生，让学生掌握数学思维方式。为什么孙维刚的课堂上，几乎所有的证明都由学生自己来完成？因为他们在课堂上所做的证明和思考，是真正走向数学思维方式的。

针对同一道题，每个学生都有自己思考的角度，都有自己的理解，他们也可能发生错误，但是他们的思考都已经是真正数学的逻辑思维方式。数学，在孙维刚的教学实践中，是以整体呈现给学生的。学生正是因为已经走进了数学的思维方式，才能理解他们的孙老师讲授的整体化数学，才能接纳极大的知识跨度，才能在短短的几堂课里，学完通常几个月才能学完的内容。

在孙维刚与学生一起营造的“浮想联翩、思潮如涌”的课堂情境中，尽管有万端变化，但他们始终万变不离其宗，这就是他们已经形成的数学思维方式的灵活运用。

如果孙维刚的教学方法没有这一特点，那么他的教学奇迹就无从谈起。他独具魅力的数学教育也根植于此。这是多少人追求而难以轻易实现的，为什么孙维刚不仅能够实现，而且做到了步步深入呢？

听过孙维刚课堂教学的人，能很快意识到他的学生对数学思维方式的把握与普通学生相比有着怎样的不同。孙维刚曾说：“改变一个孩子的思维方法，不是短期能够完成的，所以，我要从初一接新生带到高中毕业，请给我这漫长的六年时间。”在这六年的时光里，孙维刚是怎样使学生发生改变的呢？其实最关键的就是从初一入学开始，从根本上“解放”了学生的大脑。

学生从步入初中的那一天开始，孙维刚就鼓励学生提出要努力追溯“为什么”的问题。他经常在课堂上强调，世上没有“没有为什么”的事物，因此在教学过程中，对任何细节他都鼓励学生追根溯源，凡事都去问为什么，在一个问题上寻找与其他事物之间的联系，使其逐渐成为学生一种根深蒂固的习惯。

世界上没有“没有为什么”的事物，从为什么足球叫足球而篮球不叫手球到几何为什么叫几何、函数级数（公式）为什么叫三角级数、为什么有十进制和二进制等等，有些看似是纯数学领域的问题，但无不涉及历史、文化、生物进化论等人类社会发展的方方面面，孙维刚引导学生要从各个方面进行追根溯源。

如此追根溯源的结果是什么？孙维刚指出：“第一个结果是使学生学会建立八方联系的观念。原以为离散的瓦砾，都在有条不紊地‘喜结连理’。理解问题时不再感到困难了，要记忆它们，也无须头悬梁锥刺股了。难以记忆的知识会像影子一样割舍不去。第二个结果是最有价值的结果，每个‘为什么’的答案都是找出了‘它’与‘它’以外的事物的关联，有助于学生们

明代学者庄元臣说：“教者如分火，终日分而未尝亏其体。故散为十灯而明自若，散为千灯而明自若。故善教者不自惜其光。”

形成联想习惯和想象力。第三个结果是逐步形成一种学习方法，即在寻求与已掌握的知识的联系与区别中，学习、掌握新的知识、解决新问题。”

孙维刚曾经自豪地说，学生是天生的哲学家，他们提出的问题，往往并不遵循成人的经验和规则，并且带有根本性的追问。这种追问，也反映着学生们对未知的好奇与探究，对真理的不懈追求。人类的发展，正是从这样的开始走过来的，学生提出的问题正是他们思索和智慧的开始，教育的意义正在于促进他们的思索和智慧的发展。

孙维刚实验班的学生在经历了最初的思维理顺之后，思考的深度越来越多地指向了那些真正的数学问题。孙维刚就是这样从保护学生思维的盎然生机开始，使他们的思维得到根本的“解放”，一步一步走进数学，掌握了数学的思维方式。就是在这样的过程中，孙维刚实现着教育的、数学教学的真正意义。

激发“超”能力，长风破浪会有时

教师对学生学习意识的激发、唤醒都来自语言刺激的目的性。学生处在未成年阶段，注意力集中的时间短，自我控制能力不强，持续的语言作用是激活脑细胞、产生强烈学习意识的重要手段。

孙维刚的学生杨维华在回忆其课堂教学方法时说：“孙老师讲课非常有‘心计’，他在数学课上第一次写出 α、β 等希腊字母时，不是单纯讲数学上的应用，而是讲到了希腊文化，再讲到欧洲，讲到了‘二战’。在讲‘二战’时，他顺手就画出了军事地图……看似信马由缰，可他最后总能回到原话题，非常到位，整个过程都是精心设计的。”孙维刚站在教育的高度来看教学，站在教学的角度来看数学，似乎使数学课堂上再无难解之题，这就是他的教学特色，也是许多教师认为孙维刚的教学方式不易复制的原因。

若真能像孙维刚那样站在教育的高度来看教学，就可以重视培养学生的“超”能力，帮助学生真正掌握学习的规律，打通学科的壁垒，站在教育的制高点上“指点江山，激扬文字”，使学生不仅学得轻松，而且学得快乐、学出高效、学出好成绩。

德国教育家第斯多惠说：“教学的艺术不在于传授本领，而在于激励、唤醒、鼓舞。”

如果教师仅从教学的角度来看教育，那么这个教师就只会重视钻研这一学科的知识和讲授方法，虽然也一样能将学生的成绩带上去，但是，由于受视野上的局限，也许能使学生将这个学科学好，却不能使学生触类旁通，在别的学科上共同进步，更不能在思想品德、价值观方面给学生以最好的引导和培养。

如果教师能够像孙维刚那样站在教育的高度来看待教学，就能重视培养学生的“超”能力，帮助学生真正掌握学习的规律，站在教育的制高点上纵横驰骋。这样的教师就能够带领学生不仅学好自己所教的学科，而且能以点带面学好所有学科，形成各学科齐头并进的局面。学生不仅学得轻松，而且学得快乐；不仅学习成绩优异，而且道德品质也会得到提升，在德育、智育以及体育等多个方面得到发展。

现代社会由于计算机技术和互联网技术的迅速发展，知识更新的程度是惊人的。教师在教学活动中涉猎的范围不能局限于课本上的知识，还要走出教材、超越教材，创造性使用教材并善于拓展相关的知识领域，用新知识武装自己的头脑，并融会到教学实践中，保护学生爱问“为什么”的好习惯，让课堂教学更充实、更丰富，学生的收获也更广泛、更深入。

如果教师能像孙维刚那样精通本专业，又有广博的其他专业方面的知识，并善于运用心理学技巧就能信手拈来、驰骋自如，找到偶发事件与教学任务之间的联系，处处启发学生，不盲从、不轻信，带领学生运用美学中的对称思想理解事物变化的规律。课堂教学不仅让学生深度投入，也会使其在知识的海洋遨游、乐不知返。孙维刚在数学课上融进物理、历史、军事、哲学、交响乐、唐诗和天文知识，学生们听他的课哪里会厌倦，哪里会一心盼着下课的铃声响起呢？哪里还有心思在课堂说笑、打闹、做小动作，怎么会需要教师分心维持课堂纪律呢？教师丰富的知识，教学活动中展现出的智慧魅力，对学生是最好的感召和引领。学习上的超能力会在自觉的状态上形成，因为这种能力是逼不出来的，也不是外界的力量能强加上去的。

名师精要，勤而行之

青少年机体神经系统的全面发展，有助于想象力、空间思维、逻辑推理和组织规划等方面能力的提高。劳逸结合对学生机体神经系统的全面发展有着非常重要的作用，学校教育不应忽视学生的身体因素。

孙维刚在总结自己的教学经验时，做了六点阐述。在强调教学方法的同时，也把保证学生身体健康、精力充沛作为重要内容。

1. 站在系统高度讲授知识

教师在授课时，要让知识以系统中一个环节的面貌出现在学生面前。换言之，教师应该时时刻刻、事事处处站在系统的高度讲授知识，学生也总是要站在系统的高度上去接受知识、把握知识，掌握知识之间的联系和规律，并在解题时运用知识间的联系和规律。

2. 对知识进行哲学观点的升华

教师在授课时要把重点放在对哲理的发现和汲取，其中哲学观点的提炼尤为重要。这个过程不是学会一些哲学的词儿，便用来到处去贴标签，而应当是使学生在学科知识的学习过程中，善于发现、归纳、研究对象的特点，从中找出更普遍的规律，随时用它们指导新的学习或解决新的问题，同时又对这些规律作修正或补充，这样几经上下循环，上升到对哲理的领悟。作为教师，应当在这个过程中把一些哲学知识讲给学生，让学生加深对哲学观点的认识。

3. 鼓励学生运用超前思维进行思考

教师在授课时要主动创造条件，使学生主动向教师、向课本的结论挑战，让学生在思维运动中训练思维，进行创造性学习，真正做课堂的主体。

4. 题不在多而在精

学生通过做题应用所学知识，并进一步加深对知识的理解。把一道题放在学生面前时，能使他们进行有效的观察、解剖、判断、决策、制定方案，并加以解决，进而培养、提高分析问题和解决问题的能力。数学以及其他功课都要做题，但是题的深度和综合性需要教师认真选择，在此基础上，学生解题方法得当就可以取得事半功倍的效果。

5. 引导学生进行问题研究

从初一开始就让学生做科学研究和撰写论文的基础性准备，指导学生运用所掌握的数学知识，解答超出习题范围或者超出课本范围的数学问题。中学生特别是初中生进行问题研究、练习写论文，最大的收获并不是成果本身，更不是获奖，而是促进自身能力的成长，培养从事研究工作的缜密思维。

清代学者王国维说："人之能力分为内外二者：一曰身体之能力，一曰精神之能力。发达其身体而萎缩其精神，或发达其精神而罢敝其身体，皆非所谓完全者也。"

6. 学生要在课堂上精力充沛

中学生每天要睡足八个半小时，才能保证学习的高效率，做到这一点非常关键，主要在于学生白天抓紧时间，上课效率高，时间利用率好，同时教师也要少留或者不留硬性作业。学生经常锻炼身体、保证睡眠、适当参加体力劳动、保持精力充沛，永远是教学取得好效果的必要条件。

这六个方面的经验产生的基础，是孙维刚认真思考了"教师应该怎么教"和"学生应该学什么"的问题，并通过三轮教育教学实验，摸索出的成功经验。

孙维刚的一名学生在接受媒体采访时曾说："孙老师用三年时间讲完了整个初高中六年的课程，在课程结构上，整体上还是按照课本上的编排顺序进行，但局部会有一些小的变动。与其他教师有所不同的是，孙老师在讲每一章之前，必定会介绍这一章内容的整体框架，使学生对整章内容有一个整体把握，而在以后的每一节课上，必定爱问'谁知道我们这一节课应该学习什么了'等类似问题，促使学生自主探索知识之间的联系，以求见微知著，用孙老师的话说叫见'树木'更见'森林'"。

孙维刚课堂教学时很注重由学生揭示各种知识间的联系，从运动的观点、对称的观点等哲学角度系统地进行结构化教学，学生经过大视野、哲理性的训练后达到了类似《庖丁解牛》"以无厚入有间，恢恢乎其于游刃必有余地矣"。

教学亦如治水，无道不能成

教师对学生的引导、指导必须要有针对性。这种针对性来自于对学生心理状态的了解及课堂教学内容的巧妙设计。否则，引导、指导就不会取得良好的效果。

纪荣强任教的班级里有几个孩子特别活跃。林森是参加物理竞赛的，自学了很多微积分知识，课上动不动就把“求导”挂在嘴边，每每让同学们一脸无奈，纪荣强也总是忽略他的发言。木沐则有很多怪异的想法，他的想法总是听上去很有些道理却又难以严谨论证。纪荣强开始倒是每次都耐心倾听，但说完大家一脸茫然，连他都要课下细细想才能明白对错，为了不影响课堂进度，他一般在课下与木沐交流。

纪荣强在讲述几何体的表面积和体积时，说到球的表面积，由于时间有限，他只想简单介绍一下公式及其大致想法，不准备过多展开，但刚说出公式林森就嚷起来：“积分，积分！”纪荣强看了他一眼：“你说点儿大家能懂的方法，好吗？”林森低下头，木沐又站起来了：“老师，可以用一个圆柱去内接球来逼近。”纪荣强听后觉得思路倒是可行，于是说：“你这想法是对的，不过要说清楚还要花很多功夫。”他平时老是说想法，也未必能严格证下去，纪荣强就把话题打住了。

回到办公室准备第二天的课，纪荣强考虑怎么样讲球的体积更容易被学生接受时，想起老教材上有个方法，即构造一个圆柱挖掉一个圆锥再与半球比较的证明方法，心想这个方法倒可以讲，只不过硬说出来有些突兀，学生也会觉得烦冗。这时他想到了木沐，既然他的想法比较多，何不让他先琢磨一下呢。于是纪荣强把他找来，跟他说：“你上次说的想法不错，如果求球的体积，你觉得可以这样用圆柱内接吗？”他想了想，说：“应该也可以吧？”他显然对此有着极大的兴趣，于是纪荣强与他继续讨论，最后觉得探讨的结果已经比较接近老教材上的方法了，于是他给木沐找了一本老教材，说：“你可以自己回去试试把细节写清楚，然后再看看书上的描述。”

上课时，果然又有同学提出如何证明球体积公式的问题，于是纪荣强就问木沐：“你想清楚了吗？能试着给大家讲一讲吗？”“这……我试试吧。”于是他在黑板上画图，开始耐心地讲解，最终成功地说清楚了证明的细节。同学对此感到好奇和新鲜，总体效果非常好。同样，纪荣强又叫起了林森：“你不是会用积分吗？这个用积分怎么求？”他很兴奋地冲上来，三下五除二用面积元积分推导出了球体积的公式。于是纪荣强顺势说道：“这个式子的各个符号都是什么意思呢？你能给我们大家解释一下吗？”于是他开始解释这些符号，虽然不能说得很充分，但总算让大家都明白了积分的思想。这节课下来，林森和木沐不用说有多么激动了，同学们也都异常兴奋。

北京四中数学教师纪荣强说：“古代先贤，参水悟道，大禹治水，因势利导。治水之道，堵不如疏，蓄不如引。为师授业解惑之道，亦如治水。”

对于这堂课的效果，纪荣强解释说：“对于这些常常在课堂上提出独特见解或延伸到与课堂无关的知识的同学，有时教师更多的是想把握课堂的整体节奏，这无可非议，但把握时机，精心准备，恰当地借势利导，不仅可以鼓励学生的学习个性，更可以使这股看似无关和多余的‘支流’滋润和丰富课堂教学。”

生活现象进课堂，他山之石可以攻玉

科学研究需要有一双善于发现生活现象的眼睛，优秀教师对于教学内容的深化也同样需要有一双在生活中发现教学契机的眼睛。

北京四中生物教师孙月艳在菜市场所购买的食用玉米中，发现比较罕见的只有一粒玉米是紫色的白玉米果穗，她如获至宝，毫不犹豫地将这穗玉米买了下来。她在向学生讲授基因突变的知识时，呈现了这穗玉米果穗的图片，引导学生提出并思考回答如下问题：出现紫玉米粒最可能的原因是什么？如何判断紫玉米的出现是遗传原因还是环境的影响？如果紫玉米的出现是基因突变而导致，你认为基因突变最可能发生在什么时间、什么部位？玉米紫色对白色为显性，如何设计实验检验紫玉米是纯合体还是杂合体？若干穗玉米中只有一穗玉米上的一粒种子变色，说明基因突变有什么特性？这一连串问题提给学生之

美国教育家杜威说：“只要把学校和生活联系起来，那么一切的学科就必然地相互联系起来。”

后，大家就热烈地讨论开了。

只有一粒玉米是紫色的白玉米果穗，是生活中的一个并不复杂的现象。孙月艳引出科学研究的系列问题，这些问题对学生而言是非常有趣而深入的，他们在试图回答这些问题时，将生物课所学的知识串联起来，即复习了所学内容，也培养了爱科学、爱智慧的素养，真可谓一箭双雕之举。但是，将生活现象引入生物课堂教学，孙月艳不只仅有一次，她那善于发现的眼睛总能适时地找到可用之物。

有一天，孙月艳不小心摔伤了腿，为了避免皮外伤感染，她拿医用双氧水清洗了伤口，却意外地发现有大量泡沫产生。她立即意识到，这是非常好的难得的教学素材。她赶紧拍摄了自己伤口的照片，并在讲授“酶的特性”时巧妙地将其导入教学环节中去。

孙月艳在上课时，先出示伤口出现泡沫的图片，介绍伤口处理方法，再让学生推测泡沫产生的原因，然后提出问题：自然状态下过氧化氢分解反应会不会如此高效？人体组织中到底有什么成分导致过氧化氢的分解并产生气泡呢？人体的其他组织有这种成分吗？若人体中也有这种成分，其存在的意义是什么呢？植物体内有这种成分吗？由此进入利用马铃薯块茎和动物肝脏研磨液进行的过氧化氢酶的高效性实验教学，产生了很好的启发效果。

这个教学环节的设计也是一箭双雕，除了深化了课堂教学，对学生处理意外受伤也具有指导意义。让学生明白了，用医用过氧化氢溶液消毒时，产生泡沫不是药物腐蚀人体组织的结果，其真正的原因是：组织破损，细胞内的过氧化氢酶起作用，分解过氧化氢产生氧气。这是对人体无害的。

孙月艳的家人因尿液中出现红细胞去医院进行肾功能检查化验。她把解读化验单上的数据用于内稳态教学课题的导入环节。在为学生简单解释化验单内容后提出问题：化验单中主要检测项目是血液中的无机盐、代谢废物、葡萄糖，这些指标的稳定一定程度上反映了人体内环境的稳定状态。那么，检查肾功能为什么要检测血液中的上述成分，肾脏是如何参与维持内稳状态的？由此导入肾脏参与维持水盐平衡、排除代谢废物从而参与维持内稳态内容的教学。孙月艳不仅用化验单作为导入教学课题的素材，同时培养学生学会解读化验单、关注身体健康、善于用所学知识解释和解决生活中实际问题的意识和能力，力图将教学做得浅入深出、深入浅出，使学生善于思考、学以致用。

孙月艳说：“生物学科知识和生活的关系最为密切，生物教师有条件也必须要让生物课堂活起来。生活中一个看似简单的问题，我们连续问自己两个为什么可能就不知道答案了，需要进行深入的研究和探讨。”孙月艳在教学过程中，善于制造、捕捉、积累源于生活、高于生活的个性化教学素材，变感性材料为理性的思考和探索。其目的是通过对日常生活的悉心观察和思考，潜移默化地培养学生的观察能力、好奇心、问题意识、乐于探究和勤于探索的品质。在巧妙地利用生活问题深化教学的过程中，她真切地感到了教育确实是一项富于智慧的事业。多花一些心思，多想一种办法，多换几个角度，运用专业知识解释生活中的问题，教学就呈现出了丰富多彩的样貌，学生的学习效果好，教学目的自然水到渠成。

提升“学困生”成绩，为师在于行义

提高“学困生”的学习成绩是每个教师都要面对的难题。面对“学困生”，只有像资深中医切脉问诊那样弄清楚他们进步缓慢的原因，为其提供具有针对性的帮助，并用成就感激励他们做到持之以恒，才能使其在成绩上有显著的进步和提高。

北京四中英语教师周可勇在长期的英语教学实践中，发现初中英语学科的“学困生”中，只有极少数的学生是因为智力因素导致成绩低下的，而非智力因素造成的成绩差有这样几种情况：一、学生个人存在心理障碍；二、学生领悟新知识的个体发展差异；三、老师对于学生个体的研究及指导走了弯路；四、“学困生”在学科起始年级的问题没有得到完全的解决。周可勇在充分研究学生的“学困”成因后，努力帮助这些学生制定发展计划，同时进行如何帮助“学困生”、消灭学困生的教学研究，取得了独树一帜的成功经验。

有一年，周可勇所教的初一两个班中有八个学困生。针对他们各自的学习

苏联教育家苏霍姆林斯基说：“世界上没有才能的人是没有的。问题在于教育者要去发现每一位学生的禀赋、兴趣、爱好和特长，为他们的表现和发展提供充分的条件和正确引导。”

特点和英语学习的困难，他进行了认真分析。这八个学困生的情况分别是：一名学生极其缺乏自觉性；一名学生学习肯下苦功，但是方法不得当；三名学生还没有进入初中学习状态，对自己没有学习要求；一名学生基础比较差，单词记忆困难；一名学生对自己要求很严格，但是有自卑倾向，学习效率不高，自己非常苦恼；一名学生基础较差，但是有学习劲头。

周可勇了解这些学生的学习特点和症结所在后，采取了以下做法：一、心理上进行激励。对他们不放弃，经常对他们进行心理暗示：“你是可以学好的”“相信自己有能力学得好”。二、减轻他们的作业负担。对他们的作业要求合乎他们各自的学习进度，使作业真正成为帮助他们巩固复习的手段而不是负担。三、重视课本内容的理解和提炼，强调通过诵读课本建立语感。对他们的要求是：只需熟读课文，不需背诵。四、打破三年中考基本词汇的年级界限，把考试要求词汇按词频进行分类，从高频词到低频词循序渐进地铺垫，并经常进行巩固，使他们越学越轻松。五、单独辅导。在周一至周五的每天中午，周一、周三和周五的下午放学后，在自愿参与的前提下，对这些学生进行单独的辅导。

经过周可勇的耐心辅导，一年后这八名学生的成绩都有了不同程度的提高。有三名学生在学年末全区统测中得分在优秀线以上，四名学生达到了良好线，一名特别困难的学生也达到了及格线。但是，让周可勇特别开心的不是试卷上呈现的分数，而是他们在学习过程中慢慢发生的改变。那个自卑的学生不再觉得自己很笨了，有信心面对挑战了，三年后考入了四中的高中部；不得方法的学生找到了适合自己学习的节奏，提高了学习效率；基础差但学习有劲头的学生在基础上和同学们不再有差距了；没有进入初中状态的三名学生终于实现了小学至初中的过渡，适应了初中的英语学习节奏；学习特别困难的学生也体会到了学习的乐趣，不再惧怕英语学习，意识到了学习不是为了分数，而是一种挑战，是一个提升自我的途径。

在周可勇的英语课堂上，这几名学生渴求的眼神和自信的笑容让他知道：自己所做的一切努力都是有效的，是值得的。在工作中只要时刻提醒自己作为教育工作者的角色不局限于考试和分数，学生的学习过程就会愉快得多，效率就会高得多，教育、教学目标的实现就会更顺利，效果也会更好。对“学困生”要把握教学本质，从追根溯源开始一点点地改变，功到自然成。

第七章

讲授艺术纷呈，知识触类旁通

由法国导演吕克·雅克拍摄的《帝企鹅日记》获得第78届奥斯卡最佳纪录片奖。其中最让人心痛的一个镜头，当一只有大翅膀的鸟从天而降时，一只脱离集体的小帝企鹅被猎获而死。帝企鹅中的佼佼者是有着很强的生存智慧的，这只小帝企鹅显然缺乏综合性的生存智慧。

人的生存亦是如此，任何一种成功都是综合能力的体现。“帝企鹅教育”倡导教师像北京市著名教师孙维刚和北京四中的优秀老师那样，将各学科的知识融会贯通，使学生的思维能力在纵向、横向都能快速提升。

名师善解惑，桃李生光辉

教师不仅要善于为学生解惑，还要主动地发现学生的“惑”在什么时间出现在哪个位置上。这即涉及教师的教学水平，也涉及教师的责任感和使命感，更需要教师具有很强的国家意识和民族意识。

有个很好奇的学生曾经向数学老师提出这样一个问题：“您在课堂上讲，有理数是整数和分数的总称，‘有理’是有道理的意思，我不明白，整数和分数这两种数有什么道理呢？”这位老师不假思索地回答：“这是数学上的规定，没有为什么。”这位教师的回答有错吗？没有。但是，这是个愚蠢的回答。

孙维刚得知这个教学案例后，他为那个学生强烈的求知欲而欣喜，同时也为那位教师轻率的回答而深感遗憾，他认为教师的这种回答对学生来说是一件非常残酷的事情，几经如此，学生求知的火花将逐渐熄灭。这不仅是对学生本人的不负责，更是对国家、对民族的不负责。教师凡事不求甚解，长此以往会造成对学生群体的智力伤害，这是多么可悲的事情呀。

孙维刚说：“科学上的任何规定都有‘为什么’，数学尤其如此，一个数学符号为什么这么写而不那么写都是有理由的。世界上没有‘没有为什么’的事物。”

孙维刚是怎么解答“有理数”这个问题的呢？为什么把整数和分数称叫作“有理数”呢。他说：“这是翻译上的一个差错。‘rational number’，日本人把它译为‘有理数’，我们又从日文中把它移植过来‘rational number’是指可以被精确地表示为两个整数之比的数。分数是整数之比，如4/7是4 ∶ 7，整数也一样，3是3∶1，所以整数和分数总称为‘rational number’。”学生们听了孙维刚的讲解都很兴奋：“原来如此呀。”但是一向运用系统性思维教学的孙维刚，讲到这儿还不算完，他还对“ration”的字头进行了讲解。说“rate”的意思是“比率”“配额”，这也反映出“比的概念”，军队里的配额，1个面包3人分，就是分数1/3；而3个面包给1个人，那就是整数3。日本人大量翻译英文科学著作是在明治维新期间，那时候他们或许只求速度，在准确性上就差一些。

用通俗的话来解释孙维刚的教学，最恰当的一句是：“搂草打兔子——捎

美国学者布鲁巴克：“最精湛的教学艺术，遵循的最高准则就是让学生提问题。”

带手。”解答一个问题，就包含了许多方面的知识。无可否认数学是一门枯燥的学科，也许某个学生对数学问题没有兴趣，但是孙维刚讲授的相关知识引导学生对数学问题产生了兴趣。孙维刚经常强调知识本身并不重要，通过数学教学让学生追问数学上的为什么，养成科学的思维习惯才是最重要的。在这一点上，孙维刚的教学确实是技高一筹。

孙维刚带的第一轮实验班中有个名叫蔡冰冰的女学生，中考时连区重点都没考上，六年后却成为北京市唯一入选首届中国奥林匹克国家集训队的选手。蔡冰冰说：“我的数学成绩得益于孙老师和我的一次谈话。上高中时，我的成绩已经不错了，上课时未免有些心不在焉。孙老师及时点拨我说，知识都是相互联系的，课堂上老师常会重复以前的知识，这时候你应努力找到新旧知识的联系，这样学习数学就变得更加有趣了。就像华罗庚说的，读书应有个过程——先把书读‘厚’，再把书读‘薄’，也就是说要善于总结规律。一席话，让我豁然开朗，终于明白了学习上应该如何深入。”

在孙维刚带的四轮实验班中，他一直特别重视让学生学会学习、学会强化思维能力。比如，专心听讲，专心的标准是什么？常言说的精神集中、不走神并非是他所要的标准。学生只把精神集中到教师讲授的内容上，就会处于被动状态，跟在老师的后面亦步亦趋必然所获甚少。孙维刚的课堂上，基本上是先出题，写出公式，然后让学生上黑板演示，他在一旁点拨，让学生学会自己推导、求证。孙维刚每出一道题，自己要先做上十道题，从中选出最精彩、最典型、最能启发学生思维的让学生在课堂上讨论。学生在讨论中感受到学习数学的乐趣，课后把找题、解题当作一种乐趣，根本不需要教师留作业、督促着去完成。这就是孙维刚教学成功的秘诀：永远把学生作为教学的主体，把学生的发展放在第一位。

孙维刚第三轮实验班的阎珺，在准备参加“数学奥林匹克集训队”选拔赛前，多么希望得到孙老师的指导啊。可孙老师身有重疾，工作又太忙太累了，她真的不忍心再增加他的负担。但是，孙维刚就是孙维刚，他不可能在学生最需要的时刻不出现在学生面前。他冒着寒风推开了阎珺家的门。于是，柔和的灯光伴着孙老师亲切的声音洒落在阎珺的心田。为了给她提供有关数学竞赛的资料，孙维刚从刚由莫斯科飞来的朋友手中拿到俄罗斯最新竞赛题目后，凭着自己的俄文功底，马不停蹄地连夜翻译。一连几个通宵，硬是把试题全部啃下，整整抄了15篇稿纸，用电传及时送给在武汉集训的阎珺。当阎珺捧回奖杯对人们说的第一句话就是:“没有孙老师，我不可能获得金牌。”

“人生自古谁无死，留取丹心照汗青。”文天祥《过零丁洋》中的这两句诗，意思是大丈夫为国捐躯，死得其所，留下赤诚之心光照青史。现实社会的中国人没有战争的硝烟，似乎英雄主义没了确切的内涵，但是孙维刚对学生的一片赤诚之心、对事业孜孜不倦的追求精神，不正是一种为国家、为民族贡献才智的英雄所具有的禀赋么？他从大处着眼，从小事做起，终于走出了一条独特的教育、教学之路，创造了至今无人能超越的奇迹。孙维刚的教育、教学方法值得广大教师认真研究和学习，弄懂弄透其精髓就能够为教育事业的发展添薪加火。

教改非魔块组合，需教师呕心沥血

教师要使学生得到真正的智育，就不应该满足于难点怎么突破、重点如何讲透，不能从一己的知识结构出发，津津乐道地研究这个地儿怎么讲，那个知识怎么易于接受。如果这样，到头来还是停留在知识的层面上，要知道仅在知识百花园里如蜻蜓点水，不潜入深处搏击，永远成不了大器。

孙维刚上课不拿讲稿，没有教案，因为他实在不愿扼住知识的咽喉，不愿扼杀学生盎然的思考生机。所以他在数学课堂上，涉及物理、化学、军事、体育、交响乐、历史典故、唐诗宋词、国际风云……可谓才思汹涌，讲起来滔滔不绝。这是兴之所至、心血来潮吗？不，这是对学生兴趣的引领，是在吹开学生想象的翅膀，让他们的思维更活跃，激发出探求知识的兴奋点，把教学引向更深处。没有设计就没有好的课堂教学，孙维刚深谙这其中的真谛。

有人问孙维刚，教师教学是自然科学还是社会科学？他回答不出，因为在他心里，都是又都不是。孙维刚认为课堂教学是艺术的科学，科学的艺术。而宋代学者许棐说：“庸匠误器，器可他求；庸妇误衣，衣可别制；庸师误子弟，子弟可复胚乎？”

教育呢？那是呕心沥血的艺术，艺术的呕心沥血。有些人总想寻找一些捷径，以为相关部门统一建立几个德育教育基地，学生多看几部爱国主义电影，多听几次先进人物的报告等等，就不用班主任绞尽脑汁、倾情投入了。他认为，这不是正确的做法，学生是有感情的，需要教师用真情来打动他们，只有用情到深处，教育的大花园才能百花盛开。

孙维刚把教育当作复杂的系统工程，从没做过简单化的设想，更没有一丝一毫的推诿和拖沓。有人为了教育效果的速成化，提倡建立这样那样的教学模式，提出这种型那种型的样板，想出这个法那个法的所谓奇招，仿佛几个魔块一组合，学生就都会了，好像谁都可以拿过来操作，变“手工作坊”为“机械化大生产”了，好像这才是教学走向现代化了的标志。孙维刚虽然不排斥这些改进，但他认为那些只能由睿智的教师进行适当取舍后才会起到作用，也就是说不会有人人可以操作的、一成不变的教育模式。孙维刚认为将德、智、体融为一体，是教育的最高艺术形式。试图“以其昏昏，使人昭昭”是行不通的，好的教育不能回避提高教师素质和水平的艰苦努力，更不可以不针对学生的特点生搬硬套一些教条，要以科学的、符合智力成长规律的方法因人施教，才能真正实现高效教育。

教学追根溯源，自然心目开张

教学理念决定着教学行为，同样的教学内容，不同的教师有不同的教学效果，除了因为教师的专业功底不同之外，还受制于教学理念和讲授方法。教学理念就是对教与学的认识，讲授方法包含课堂设计以及教学行为的艺术化开展。

教师钻研教学内容，绝不能用孤立的眼光看待某章某节的内容，而要基于教学课程标准或教学大纲钻研各章节内容在教材中的地位以及各章节内容之间的联系，并考虑各章节内容与上下级学段是如何衔接的，或者立足于高学段来看低学段的内容，向纵向深化，向横向扩展。

孙维刚曾说："在数学教学中，对任何细节都要鼓励学生追根溯源，凡事都去问'为什么'，寻找它与其他事物之间的联系，使其逐渐成为学生的一种根深蒂固的习惯。简言之，就是要在纵横裨阖与融会贯通中钻研教学内容，在居高临下中理解教学内容。"他一向认为，教学目标应该是通过知识的教学培养学生的能力，在能力提高的基础上，不断发展和完善学生的智力素质，造就学生高超的思维水平。这样的教学理念决定了孙维刚整堂数学课的设计主要目标是激发学生的思维，每一堂课都进行高效率的教学。

孙维刚讲授"一元一次方程的应用"这节课时，所运用的方式方法具有明显的孙氏风格。他倡导学生灵活运用一元一次方程，而不是进行简单的题型演练。许多教师在讲授"一元一次方程的应用"时，在课堂上讲解大量的练习题，但孙维刚只用了一个例题，"一辆装货的小车可以装半袋面粉和 580 斤大米或者可以装 5 袋面粉和 40 斤大米，求 1 袋面粉的重量"，并对此例题采用多种角度思考，和学生一起探讨出 9 种方程，整个教学过程十分耐人回味。

孙维刚把让学生思考算术法与方程法的关系作为重要的教学内容，即"每个数学概念、定理、公式等知识的教学，都是在见树木更见森林，见森林才见树木的状况下进行"。他引领学生发现代数的方法（列方程的方法）包含了算术的方法，算术的方法不过是代数方法的特例，将算术法和代数法很好地结合起来进行解题。此外，他在例题中还列出了分式方程。该课堂教学中，他将学生带进"方程"之林，引领学生赏析"算术法""一元一次方程"以及"分式方程"等"森林"中的美丽风光。孙维刚在谈如何教数学时多次说过，"八方联系、浑然一体、漫江碧透、鱼翔浅底"，这种思想在他的这节课上有着非常鲜明的展现。

从教学经验而言，学习重点对学生进一步学习其他内容起着主导作用，具有应用的广泛性和后续学习的基础性两大特点。从学生学习的视角而言，难点的形成主要有以下两个方面的原因：一是该知识远离学生的生活实际，学生缺乏相应的感性认识；二是新知识与旧知识联系不大或认知结构中的知识对新学习的知识有负迁移的影响。

苏联教育家赞可夫说："教会学生思考，这对学生来说是一生中最有价值的资本。"

孙维刚在本节课的教学中，因方程的概念应用范围广，对后续学习具有基础性作用，将让学生理解方程的概念作为重点，又因为小学算术法对用方程解应用题有影响，他又将理解小学算术法与方程方法的关系作为难点，尽管列出了9种方程，而整堂课都是在用两种不同的方式加以表述同一个量的方程概念，做到了重点突出。

孙维刚在教学过程中，针对学生容易犯的一个错误"x = x"，还指出了错误根源是方程左右两边实际上不是用两种不同方式在表达同一个量，避免该错误要注意用两种不同的方式加以表述同一个量，这个教学环节可谓是突出重点的点睛之笔，其中蕴涵着方程左右表达式中的A、B是和而不同，同一个量的两种表达方式构成了方程。由此可见，孙维刚不是采取大多数教师的说法"找题目中的等量关系式"来告诉学生如何列方程，而是自己做了另外的总结："任选题目中的一个量（明显的或隐含的），用两种不同方式分别表达，中间写一个等号，就是一个方程。"通过9种解法的比较得出："当选择的这个量是题目所求的量，方程右端的表达式是x，而左端的表达式中不许含有x时，其实这个左端正是算术法所列出的算式。"

课程进行到这个阶段，孙维刚运用一个比喻进行说明："在一个圆形跑道上，中间隔了一堵墙，跑道四周都是水。哥哥在墙的这边，妹妹在墙的那边。妹妹在哭，因为她饿了，哥哥手里有一块面包，如何才能让妹妹尽快吃到面包？""最好的办法是妹妹和哥哥同时沿着跑道往中间跑，这样比哥哥一个人跑或者是妹妹一个人跑的劳动量要小，哥哥和妹妹都不会感到累。方程也一样，把思考的劳动量分担到了左右两端，两端同时进行工作，每端的思考负荷都不大。"这样解释，有助于学生将算术法和方程法在脑海里实现统一，并突破算术方法对方程解法形成的负迁移，真可谓是匠心独运的一种解释。

孙维刚曾说："应当从系统的高度学习知识，置知识于系统中，着眼于知识之间的联系和规律，从而深入本质。"在课堂教学中，他是站在系统的高度突出重点的，而融会贯通的过程是使学生透过繁杂的现象抓住了本质。在孙维刚的课堂教学中，他是贯穿前后，连接左右，注意将新知识与已经掌握的知识相联系，用学生能够理解的语言突破难点。

课堂上，孙维刚在告诉学生列方程解应用题的实质之后，给出一个例题，然后请学生从例题中找出一个量，再请学生用两种不同的方式将这个量表达出来，他则在一旁审时度势，以头脑风暴和引发思维的火花为出发点，给予适当的指点。学生做课堂的主人并不意味课堂一定就是热热闹闹的，在孙维刚的课堂上，学生思维高度活跃，教室的气氛却是井然有序的，“静谧的气氛保障了深入的思考，而在达到胶着状态的构思行程中，情绪必须是凝重的”。孙维刚的课堂教学过程没有让时间在对话、交流和讨论中流逝，而是在学生静悄悄的快速思考中按照设定的节奏走过每一分钟。

孙维刚在课堂教学中，主要通过精讲例题来实现上述目的，他把“题不在多，但求精彩”一直作为标准来实施。他认为：“在解决方法上、解决思路上宜充满活力，综合性强，有灵活用武的广阔天地，而不是死气沉沉、烦琐地堆砌公式，冗长无味；同一类型题目有代表性即可，不必大量重复，不选用那些对于概念理解没有价值、思考方法不符合一般规律的偏题、怪题。”

孙维刚倡导“一题多解，达到熟悉；多解同一，寻求共性；多题归一，形成规律”。这种通过一道题的多种解法进行的“八方联系”，活跃了学生的思维，使解题过程有如放烟花一样斑斓。他接着又从多种解法中归纳出共同的本质，乃至最后归纳题型、形成解题规律，都是让学生自己动脑去发现、去归纳、去证明、去总结的，这个过程有如千条江河归大海一般体现出思维的秩序性特点。

纵观当今的课堂教学，许多教师采用给学生重复示范不同题型的解答方式，或要求学生大量练习不同题型若干遍，来促使学生掌握知识，而孙维刚的高效课堂教学并不采用大量题型解答的示范，而是做促进学生深刻理解数学概念进而灵活运用数学知识、解决数学问题的引路人，如此产生的高效教学的结果是令人惊叹的，也给教师改进教学方法带来了重要的启示和引导。

触类旁通，以博为教多益处

孙维刚的课堂教学法不仅适用于数学，对其他学科也大有裨益。其最大的特点就是举一反三，触类旁通，注重知识间的联系、学科间的交织。如此内容丰富的课堂教学总能给学生留下深刻的印象。

有一次，孙维刚一动不动地站在讲台上问道："我是静止的吗？"学生陈硕举手回答："您是静止的，但是您的心在跳动。"当时的陈硕还在心里沾沾自喜，殊不知他的回答引起了全班的哄堂大笑，因为大家都明白孙维刚为什么问这个问题，而他不知道。

孙维刚并没有笑，更没有指责陈硕，他把问题问得更严谨了："好，现在不说我了，我们来看这支粉笔。"说着，他把粉笔稳稳地立在面前，"你说它是静止的吗？""不能这么讲，因为地球还在转动。"陈硕回答说。对于刚上初中的他来说，能想到这一层已经很不错了。

但是孙维刚随后的讲解使陈硕明白了运动和静止是相对的，是要对一个特定的参照物而言的。孙维刚通过这个例子告诉学生，要多角度看问题，不要拘泥于一点，只有经常改变观察点，才能把问题看清楚、看全面、分析得透彻。可见，换个角度看问题是孙维刚最得意的"动的思想"中很重要的一部分。

孙维刚经常向学生强调，没有思路的解法是瞎蒙的，对于其他问题毫无用处。在讲课的时候，他总是把解题的每一步思考过程展现出来，让学生了解到每一步的想法是什么，看在哪里"碰壁"了，在哪里有了突破，思路要在哪里转个弯，由此，学生们知道每一个新颖的解法的完成都是顺理成章的，绝不是碰巧做出来了。

孙维刚十分注重培养学生们的逻辑思维能力，常常把一些题目的叙述过程写下来，学生从中领略到其中的技巧和严密的结构，受益匪浅。因此，学生的最大收获是学到了想问题的方法、解决问题的方法，这些方法不仅适用于数学，用到其他学科也能取得好的效果。学生把这种方法称之为用同一种思维"跨学科学习"。

孙维刚讲课最大的特点是思维纵横驰骋，从东周列国讲到解放战争，从拿破仑讲到斯大林，从尼克松访华讲到雅各宾派专政，无一不显现他渊博的知识和敏锐的头脑。这些知识看似与数学毫不相干，其实它们和数学及其他学科都有着密切的联系，可谓理清一处就可洞悉根本，对学生的启发很大。

进入现代社会，各学科的交织、渗透、融合日益明显，只有掌握事物运动、发展、变化的规律才能把握知识内在的灵魂，使知识越学越少，真正地从必然王国迈入自由王国。

听过孙维刚讲课的老师们有一个共识，要想学习他的授课方式，需要很深厚的知识积累。他不按课本讲，古今中外，史、地、生、化、音、体、美，甚至文学、天文等都纳入数学教学中。他的学生也没法比，他们课上以抢着解题为乐，课下自己做题找乐。

研究孙维刚教学艺术的人发现，他的跨学科教学的做法，实际上仍是培养学生站在系统的高度整体把握知识，这对学生的学习方式和思维习惯都会产生深远的影响，使学生能站在系统的高度对知识进行八方联系，并发现它们是那样盘根错节又浑然一体。而到后来对知识的理解和研习达到了“漫江碧透”“鱼翔浅底”境界，知识好像在手心里，可谓了若指掌，如果不向深处探究，学生自己都会感到寂寞无趣，只有接连不断地获得新知识才有成就感，才能觉得学习有着无穷的乐趣。

有的人把素质教育和升学率对立起来，似乎强调素质教育就不一定是为了考高分。孙维刚是以素质教育见长的，但他从不回避升学率，更不回避能有多少人上清华、北大。他常常说，在现代社会里，大学是一定要上的，而且要上一流的大学。当学生的智力素质提高了的时候，在考试中取得的好成绩就是最正常不过的知识反馈。

孙维刚的学生陈帆说：“孙老师讲数学课，山南海北、古今中外、历史地理、物理化学、唐诗宋词，无所不讲。有时，随手就画一幅地图，让大家联想。”

除了教数学课，孙维刚还教过物理、历史、地理、音乐等。他还当过北京22中学校排球队、乒

中国智力素质培养法之父孙维刚说：“知识的广度能促进学生的发展，同时也能促进知识和技巧的巩固，而不必使单调复习的次数过分地增多。”

乓球队、篮球队教练，他喜欢所有球类的比赛。

孙维刚在课堂上的“信马由缰，八方联系”，正是由于他博览群书、兴趣广泛才能做得到。在很多人看来，他讲的许多知识都与数学没有任何联系，也不成系统，但这种见景生情，将各种知识穿插到数学课教学当中，不正说明学科间是息息相通的吗？而对于学生，每天耳濡目染，自然会养成联想，产生油然而生的思维习惯，这不又是学生把知识学活，提高智力素质的表现吗？

孙维刚“信马由缰”的讲授和逻辑推理兼容的教学风格常常引发学生会心的微笑。这又哪里是“信马由缰”？分明是孙维刚用一根无形的“缰”引领学生深入思考，学会对比、学会分析。看似无“僵”，实则是牵着知识联结的线在为学生导航，旨在培养学生的思维品质、思考习惯。从某种意义上讲，这才是真正全面的素质教学方式。

曾有媒体采访孙维刚的学生曹浦，他说：“孙老师知识很渊博，常给我们讲历史、讲军事、讲世界局势、讲地理风情、讲诗、讲足球……”的确，孙维刚的数学课，很可能随机转到物理、化学、俄语、英语乃至田径、篮球、音乐……而且，就数学而论，也常常随机从初等数学跳到高等数学，追溯数学史又展望现代数学的发展。

有一天下午放学时学校领导通知孙维刚，这几天在22中检查工作的东城区教育局、督学室的同志们，明天可能听他的课。第二天，孙维刚在课堂上仍然是信马由缰，任意驰骋，学生们也仍然是兴趣盎然，想出好的点子与他们的孙老师争论不休，让听课的领导感受到了热烈有序的教学氛围，使听课变成了教学美、知识美的享受，他们认为真正的高效教学就应该是这样的，教师带领学生进入鲁迅先生所说的“求知识于宇宙，搜学问于世界”的境界。

组建大脑知识库，为有源头活水来

有心理学家对学生的知识组织状态进行研究后发现：学优生和“学困生”的知识组织是不一样的。“学困生”头脑中的知识是零散的和孤立的，呈现水平排列方式、列举方式；而学优生头脑中的知识是有组织和系统的，知识点按层次排列，并且知识点之间有内在联系，呈现出一个有层次的网络结构。可见，如果知识在头脑中无条理地堆积的话，那么知识越多，越不利于问题的解决，就像是进入图书馆借书一样，如果书按一定顺序整齐地排列着，那么就会很容易找到。但书如果无顺序、杂乱无章地堆放着，我们就很难找到需要的书。显然知识组织的形式决定了学习效果的好坏。教师培养学生最重要的任务之一，就是使学生头脑中知识形成有序的组织体系，在学习新知识时能很顺利地提取学过的知识并实现有效利用。

有些家长经常有这样的疑问：孩子上课听讲很认真，也挺聪明，但就是考试不出成绩，上课时都听懂了就是不会做题。这到底是什么原因呢？其实这就是知识组织形式零散、不成体系造成的结果。结构乃是决定事物性质的重要因素。知识的作用，主要不是知识量的作用，而是合理结构的作用。在知识的应用、解决问题的过程中，并非独立的“某个单项知识”在起作用，归根到底是整个知识体系在起作用。如果知识体系不能运转起来，对新知识的接受就会产生很大的障碍，使学生产生畏难情绪，如果知识组织体系得不到改善，学业的进步就无从谈起。

学生学习知识、处理信息的过程，是将从外界所获得的知识、信息进行有目的的加工整理，即把个别的、零散的、无规律的知识、信息，进行分析、归纳、筛选，按其内在联系，分门别类，纳入相应的“知识库”中，使之结构化、系统化，形成网络化的复杂过程。

只有知识获得的过程是有效的，才能够准确、迅捷地从“知识库”中提取有效的知识信息去解决问题。要不断地对新的知识信息进行加工整理，并纳入相应的“知识库”，使之结构化、系统化，形成“知识网络”。简而言之，实现知识系统化整理是建立合理的知识结构的关键环节。其结果包括两个方面：一、使知识门类化，即对所获取的个别的、零散的、无规律的知识信息进行加工、筛选，并按其内在联系在大脑中建立分门别类的体系；二、知识结构化，即将门类化的知识、信息纳入“知识库”中，使之结构化、系统化，形成知识网络。

学生具有合理的知识结构可以在学习和研究时，快速、准确地提取有效的苏联教育家苏霍姆林斯基说：“人的头脑是自然界的一大奇迹。但是这个奇迹只有在教育的影响下才会出现。”

知识。一个人是否真正把知识学到手了，需要在运用知识的过程中进行检查。如果学了许多知识但不会运用，所贮存的知识不能根据需要成为进一步学习和解决实际问题的智慧和力量，那就是没有把知识真正学到手。教师引导学生建立合理的知识结构，就是为了帮助学生快速提取，充分运用已掌握的知识，使知识发挥作用。美国心理学家布鲁纳认为，记忆保持的重要问题不在于贮存而在于运用时“如何把用到的知识提取出来”，“提取出来”的关键又在于“对知识的组织”。因此掌握知识的人要善于对所掌握的知识进行科学安排，需要时即能知道在何处提取。

如果一个人走进一座规模相当大的图书馆，藏书几万、几十万、几百万乃至上千万册，想借一本书，只要在电脑上检索出来，就可以在所提示的位置上快速、准确地找到它，使人如愿以偿。为什么能这样迅速而准确地找到呢？最根本的一点是：图书馆中的每本书并非零散的、无系统性、无规律性的，而是按某种结构标准进行划分归类，使它们从属于各自的类目。工作人员就是以此为基础做成数据库，需要的人可以从相应的不同级别的书库中、书类目中准确快速地找到它。

如果图书馆不提供这本书所在的类目情况以及所在位置，数以万计乃至上千万计的书没有进行有目的的整理、分门别类，而是随意堆放，毫无规律性、结构性，那么，想要找到它真的如大海捞针，千难万难。

学生的大脑需要建立相应的各个级别的“知识库”，犹如图书馆中级别不一的书库。每个小的知识点和能力训练点，好比进入馆内的经过加工整理、类目从属清晰的每本书。建立合理的知识结构，在运用时就能准确、迅捷地从众多纷杂的记忆中提取有效的知识。由此可见，孙维刚教学时使学生自己动手解决问题，就是通过运用所学知识将大脑“知识库”有序化、系统化的过程，使班级里的每个学生都能成为学优生的“知识组织”，在他所带的班级里每个学生都能考上大学，半数以上的学生考上北大、清华，是不存在“学困生”的。

有专家指出：“孙维刚的结构教学法的经验不仅仅可以用在数学教学上，还可以复制到其他学科中，因为各学科的思维结构和思维原点是相通的，是有规律可循的。从这些思维原点中可以提炼出来一个高效学习的基本模型。这个模型由四种基本学习能力组成：一、主动发现研究对象的能力；二、围绕研究对象确定研究角度的能力；三、寻找知识之间联系规律的能力；四、建构知识网络、制作联系导图的能力。”正是这种高效学习的基本模型的建立，能够在短时期内使学生站在系统的高度进行学习，在教师的引导下形成学生总是浮想联翩、思潮如涌的情绪状态。学生大脑的“知识库”成为有组织的体系并经常高速运转，攫取知识的过程有了“源头活水”，教师的高效教学产生了学生高效学习的效果。

从厚变薄，成材在于教化

著名数学家华罗庚认为，要真正打好基础，有两个必经的过程，即“由薄到厚”和“由厚到薄”的过程。“由薄到厚”是学习、接受的过程，“由厚到薄”是消化、提炼的过程。就如同读一本书，书本身就很厚，再加上自己的注解，就越读越厚，所获得的知识也就“由薄到厚”了。但是，华罗庚认为这个过程主要是个接受和记忆的过程，学习并非到此为止，“习得”并非到此就为透彻。要真正学会学懂还必须经过“由厚到薄“的过程，即把所学到的知识经过咀嚼、消化，融会贯通，提炼出关键性的问题进行下一步的研究和探讨。

针对知识分子而言，他们常有这样的体会：当你读一本书或是看资料的时候，如果对它们的内容和精神做到了深入钻研，透彻了解，掌握了要点和关键，就会感到这本书或这些资料变薄了。看起来好像得到的知识或信息似乎比以前少了，但实质上经过消化，变成精练的东西了。这时的大脑不在数量中兜圈子，而有质量地提高了。

学生的学习只有经过消化提炼的过程，基础才算是巩固了。那么，在这个基础上再练习，那就不是普通的练功了；再读书，也就不是一本一本往脑里塞，而变为在原有的基础上添上新内容和新方法。学习经过“由薄到厚”和“由厚到薄”的过程，对所学的东西做到彻底弄懂，经过消化后吸收，学习基础就算

苏联教育家巴班斯基说："教学是教师和学生有明确目的的互相影响的过程。在这一过程中能实现个人的教养、教育和发展。"

是真正地打好了。有了这个基础以后，学习就可以大大加快速度，这个过程也体现了学习和科学研究上循序渐进的规律。

通过华罗庚对基础学习"由薄到厚"和"由厚到薄"过程的解析，可以明确地认识到孙维刚是华罗庚所阐释的理念付诸实施的实验者。在学生完成从"由薄到厚"到"由厚到薄"这个转变过程中，体现出不同的层次和要求，体现了"分析"与"综合"、"发散"与"收敛"的辩证统一，就是说数学学习需要这两者统一起来。

孙维刚记得四十多年前，上高一时的一次课时，他发现自己学的课以前讲过，但他却把它作为新内容正拆开揉碎研究得津津有味呢，他甚至怀疑自己在梦中，苦苦思索中，孙维刚突然明白了，自己不在梦中，今天也确是在学新课。但今天的功课从本质上与两年前学过的一个内容相通甚至完全一致，从这个意义上，今天的新课不能算新课。以后，这样的事时有发生，而且频率加大。上高二以后，几乎每堂课都要发生好几次。上高三了，几乎每个内容都能找到以前内容在它身上的影子。

这就是学习过程的从"由薄到厚"到"由厚到薄"。第二次的"薄"，也就是孙维刚写上课时的感觉。事实上，"由薄到厚""由厚到薄"这些提法本身就是一分为二，就是辩证法，就上升到了哲学的高度。

哲学是从各个学科科学中抽象出来的更本质、更普遍的科学。把握住哲学思想，才可能高屋建瓴，势如破竹，深入本质，切中要害。因此，读书学习应该像华罗庚所倡导的、孙维刚教学实践所尊崇的，从"薄"到"厚"，再由"厚"到"薄"，最后的"薄"是抽象为数学思想，更升华到哲学的高度。经过长期让学生耳濡目染，用它去认识问题、解决问题，渐渐地，学生就渐入佳境、习以为常了，这时，一个强大的头脑也就日臻成熟，视解决学习中的难点为乐趣，进入随心所欲的佳境。

突破教材限制，教而弘其量

优秀教师总能在研究教材的基础上活用教材，用自身的知识积累拓展教学内容，使学生掌握系统知识时，获得突破难点的快感。

孙维刚带的第二轮实验班上初三时，他上课讲到高一代数中的“周期函数不一定有最小正周期”这个问题时，问学生谁能证明这个问题，有不少学生说，常数函数 f（x）=a 是周期函数，但它没有最小正周期。这个问题就这样简单地完成了证明，有些不尽如人意的地方，因为，f（x）=a 这个函数毕竟太个别了，面对一时寂静的课堂，孙维刚打算自己构造几个没有最小正周期的周期函数。

孙维刚正在思考时，彭壮壮同学举起手，说出了狄里克莱函数。这个函数，中学教材中没有，一年以前孙维刚在课堂上“信马由缰”时向学生们提到过。彭壮壮说：“对于它，任何有理数都是它的周期。因为，任意有理数加上任何一个有理数后，还是有理数；任意无理数加一个有理数后，还是无理数。所以，任何有理数都是它的周期，但正有理数没有最小值，所以这个周期函数没有最小正周期。”彭壮壮同学简洁而准确的回答使教室内顿时欢跃起来，啧啧声不绝于耳，孙维刚此时也倍感惊喜，因为他提出的这个教材上没有的问题，也有学生能够很好地解答。这也给他带来了新的启示。

五年后，孙维刚带的第三轮实验班又到此处了，他特意提出这个问题，答出狄里克莱函数的同学，已不是一个人，而是十几个人了。这就是学生的潜能，打开了这道闸门，智慧的洪流将汹涌澎湃。孙维刚在课堂上没讲过的东西就让学生去思考，书本上没出现过的习题，他就布置学生去做，第一次搞错了，他竭诚鼓励：“敢于这样想就很了不起，人类就是从不断的失败中吸取教训而进步起来的。”学生就是在他的不断鼓励之下，突破了教材的局限，向更广阔的领域进发。

国家相关部门对高中数学的教学目标有着明确的规定，《普通高中数学课程标准》中这样写道：“几何学是研究现实世界中物体的形状、大小与位置关系的数学学科。人们通常采用直观感知、操作确认、思辨论证和度量计算等方苏联教育家苏霍姆林斯基说："只有当教师的知识视野比学校教学大纲宽广得无以比拟的时候，教师才能成为教育过程的真正能手、艺术家和诗人。"

法认识和探索几何图形及其性质。三维空间是人类生存的现实空间，认识空间图形，培养和发展学生的空间想象能力、推理论证能力、运用图形语言进行交流的能力以及几何直观能力，是高中阶段数学必修系列课程的基本要求。"孙维刚围绕这个教学目标，根据自己的经验对教学计划进行调整，比如教材上把三角形内角平分线性质定理安排在学完了平行线之间的线段成比例定理之后、三角形相似判定定理之前，但孙维刚把它作为在平面几何中证明各线段成比例的习题课内容，在已经学完了平行线之间线段成比例定理和三角形相似判定定理之后，再回过头来学习这个定理。孙维刚认为通过教学进度的调整，在这节习题课上，学生既可以学习三角形内角平分线性质定理，又能够通过"一题多解"的方式把证明线段成比例的多种方法一一呈现出来，并在每种解法后进行总结归纳，最后"多解归一"，得到证明线段成比例这类问题的一般思考规律，将知识的教学、解题方法的教学和能力的培养三个方面有机地结合了起来。让教材服从自己的教学需要，这是孙维刚多年进行的经验总结，也更适应自己的教学规划。

对于初次接触立体几何的学生而言，空间想象能力普遍不强，所以孙维刚在开始讲授立体几何的前几节习题课上，便专门针对这个问题总结思考立体几何问题的思维程序，当然这只是与学生进行初次探究，但却能够让学生意识到立体几何这类问题也是有一般思考程序可以归纳的。他首先要求学生开动思维的按键，去积极地进行空间想象和实物联想。这种做法是培养空间想象能力的前提，没有经常性、习惯性的思考，何来思维上的改变与提升。

在以后的课程中，孙维刚给学生指点妙招，即使想象得不够充分也不要紧，还可以充分利用手头资源，比如三角板、笔杆等来摆出空间模型，通过对实物的观察来感知简单物体的结构特征。有了这两步铺垫，图形的大致轮廓在脑海中已基本形成，这时候孙维刚认为，还不能高兴得太早，应该及时地动笔把图形的样子勾勒出来，并结合题目要求，看是否有画出断面图的必要。经过这样一系列边猜想边验证的思维过程，学生对于立体几何的概念才能够建立起来。立体几何教学的基本问题解决了，学生学习的最大困难也就得以克服，学习效率就有了很大的提高。这也是哲学观点在教学上的灵活运用：解决了主要矛盾，次要矛盾也随之而解。

孙维刚的立体几何教学，从不拘泥于几道独立的几何题，重在通过解题来揭示立体几何的本质规律，所以他要求学生自己能多概括、多总结，或者动笔写一写小论文。由于这样做会涉及很多的定理和推论，孙维刚会选择性地在课上与学生一起讨论其中一些定理的证明过程，使学生学会正确地表述立体几何对象的位置关系，逻辑地推理论证实际问题。比如，在多面体和旋转体这一章中，由于当时教学设备有限，孙维刚不能像现在这样利用计算机软件向学生提供大量的空间图形模型，让学生能够直观地感知图形的形状特征，但这并不妨碍教学的正常进行。孙维刚从极限和旋转变换这两个角度分别阐述了不同几何对象的特征和内在联系，在揭示事物本质的同时，也进一步提高了学生对立体图形中的点、线、面、体积的认识。

教材上立体几何需要记忆的公式很多，由于孙维刚数学基础深厚、教学经验丰富，善于拓展教材的内容，能在不同对象间找到联系。在进行课堂教学时，他指导学生利用符号语言在不同图形之间实现了沟通和交流，把原本零散的几何概念通过框图等形式有机地结合起来，这样不仅锻炼了学生数学语言的运用能力，而且使得几何语言、代数语言和符号语言之间得以勾连、融合，为下一步学习解析几何打下了良好的基础。

教材何可为，择其善者而从之

教材和教学之间有统一的关系，但也有相互矛盾的地方。教材容量很小，不能将与内容相关的本学科知识进行多角度融合，也不能向与之相关的学科作更多的延展，这一点即限制了教学的广度和深度，也给学生的学习设置了无形的障碍。教师必须在研究教材的基础上向学生提供最便于理解、探讨而且又不偏离大纲要求的教学内容。优秀的教师总是勇于挑战教材的局限性。

北京四中历史教师赵利剑说：“人们常说，兴趣是最好的老师。大多数凡夫俗子如我者，最初都是因‘生动’这位老师带路，才得以踏进历史殿堂的。然而，不是所有的历史著作都是生动而精彩的。”学生时代，赵利剑最不爱看的历史书就是教材，因为教材干瘪、枯燥、乏味，与他心中理想的历史相差太大。少年时代的他常常有这样的疑问在：“历史不该是这样的呀，应该是丰富饱满、活灵活现、有血有肉的，为什么教材上的历史只剩了骨头架子了？那些动人的情节，怎么被分解成了千篇一律的背景、过程、结果、影响了？那一个个鲜活的人物，怎么变成了书上的一个个抽象的符号了？真没劲！”于是，他去看课外书，在生动活泼的历史故事里畅游，乐此不疲。但是，后来赵利剑也做了历史教师，教学自然更离不开教材。经过对教材的研读，他从专业的角度给教材挑了一大堆毛病，例如：教科书所作历史结论不仅太多，而且太“权威”，容不得半点质疑。课本以对历史事实符合逻辑的描述，取代第一手历史资料的展示。结果是，既剥夺了学生了解历史原貌和选择重点描述历史的概括思维活动，又因省略了由事实而至结论的分析、论证，使学生因理解困难而发生心理建构障碍。

赵利剑认为教科书缺乏第一手历史资料，对创设历史学习的问题情境和理解历史极为不利。教科书内容多、记忆量大，也从另一个方面诱使学生为应付眼前困境而“走捷径”，将理解和应用构建认知结构价值的学习材料一概只赋予记忆的特征，从而成为助长思维惰性的动因。教科书避开史学的研究对象、原则、方法等基本问题，不提供评价和判断历史的价值尺度，使学生从人文教育方面展开思维感觉困难。如此，他总结出了一系列问题。

但是，在赵利剑积累了许多教学经验，成为学科内颇有建树者以后，他参与了历史教材的编写。直到这时才知道教材撰写者的苦衷：且不论有多少清规戒律、条条框框，单就一点而论：要把数千年的人类历史按一定的字数和篇幅装进教科书里，教材也就很难生动了。因为经验表明，历史读物要想生动，其实很好办——讲故事就是了。可是这样一来，中学历史课堂不就成了故事会了吗；二来，故事讲得多了，教材的厚度必然增加，学生考试时便有苦头吃了。站在大多数学生的立场上，历史教材尽管失之枯燥，还是薄一些好。

赵利剑从经验中得出结论：身为历史教师埋怨教材是没用的，现状也很难近代思想家康有为说："振其纲而求其条目，循其干而理其枝叶，其道至约，而其功至宏矣。"

改变。唯其如此，恰恰为历史教师施展拳脚预留了广阔的空间。他刚来北京四中时，听到特级教师顾德希先生说过这样一句话：正因为中学教材"不可为"，所以才"大有可为"。虽然顾先生是在特定的背景下说了这句话，也非针对历史教学而言，但却有很大适用性：你有没有本事让历史教材变得生动起来？你有没有本事带着一上历史课就睡觉或者干私活儿的学生一起徜徉在历史的天空下？你有没有本事用斯蒂芬·茨威格撰写《人类的群星闪耀时》的方式讲述历史？或者用黄仁宇先生撰写《万历十五年》的方式讲述历史？你有没有本事把由"背景、过程、结果、影响"组成的历史，变成巴尔沃亚发现太平洋的豪迈，变成韩德尔创作《弥赛亚》和鲁热创作《马赛曲》的激情，变成格鲁希在滑铁卢战役中的纠结，变成陀思妥耶夫斯基刑场余生后的超越，变成塞勒斯·韦斯特·菲尔德铺设大西洋海底电缆的坚韧，变成80高龄的托尔斯泰离家出走的痛苦……赵利剑认为这些问题都是对历史教师的挑战。要想把历史课讲到这个层次，赵利剑认为要做到以下几点：

1. 作为教师，应敢于突破教材

有句名言叫"不唯上，不唯书，只唯实"。教师要有明确的观念：你在教"历史"，而不是在教"教材"，教材只是中学历史教学的一个重要凭据，仅仅是对历史的一种解释。历史教师完全有权力对教材内容根据自己的理解和需要以及学生的学习兴趣、学习难点进行必要的调整、补充、删减，也可以质疑，甚至推翻不当之处。把培养学生自主学习的兴趣与能力作为目标，在这个目标的驱使下活用教材。孟子说"尽信书不如无书"，好的教师是不会做教材的奴隶的。

2. 须练就一张"好口才"

毛泽东的老师徐特立说："当一个好教师，三分靠内才，七分靠口才。"某大学四年级毕业实习前，指导教师给学生提出了一个听起来非常简单的要求——"开讲"！学生们信心十足地走上讲台，可情况怎么样呢？出乎意料的差，甚至是洋相百出。有的学生走上讲台后，面对全班学生脸涨得通红，嗫嚅良久不发一言。课后，指导老师问他原因，他回答说："我怎么也想不起教案的第一句话了。"急得老师大叫："从第二句开始说啊！"还有的学生因为紧张，整节课没个笑脸，让底下的初中学生很不适应。大家劝他改进，他也勉强为之，谁知改还不如不改，当他讲到黄海海战邓世昌壮烈殉国时，竟然"嘿嘿"地笑了，引得学生在下边小声嘀咕：这老师怎么这样啊？不难看出，这都是背教案惹的祸。

3. 摆正传统与创新的关系

传统的历史课堂教学手段比较单一，基本停留在"一支粉笔、一本书、一块黑板、一张嘴巴"的操作上，即常说的"满堂灌""讲台上爆发革命"。这种方法已经不能适应教学的发展并经常遭到指责。然而，目前在批评传统教学模式的同时，又出现了一些不尽准确、失之偏颇的观点。例如，把素质教育同学生活动简单地等同起来，而学生活动又以形体活动为主，所以"满堂灌"又变成了"满堂问""满堂动"，甚至于以学生活动的时间作为评判一节课是否成功的标志。于是，历史课堂"热闹"起来了，有分组讨论的，有组织辩论赛的，有演课本剧的……这等于是从一个极端走向了另一个极端。事实上，如果教师以其精彩而生动的讲述、缜密的逻辑推理和深刻独到的分析可以较为出色地完成课堂教学任务，即使教学手段比较单一，这样的教学方式也不能全面否定。

4. 科技手段不能代替基本功

随着科技的发展，现代化教学手段如音像、计算机软件等越来越多地在课堂教学中得以应用，确实起到了很好的辅助教学的作用。大量的文字资料、形象的图片、照片等，通过现代化科技手段展现在学生面前，对于引发学生兴趣、拓展视野和知识都有重要的意义。但它们归根结底只起辅助作用，必须对其使用的必要性和可能性进行仔细推敲，绝不能为用而用，否则就是画蛇添足。更不能越俎代庖，被其"异化"，否则，当使用现代教学手段的必备条件消失，难道教师就不会上课了吗？如果真是这样，作为教师的基本功就是在退化。

结合高中学生的特点，历史教学的学生活动应以较深层次的思维活动为主，而将教师必要的讲述、学生活动和现代化教学手段三者有机地结合起来，才能创造最佳教学效果，任何一项皆不可偏废。

细节主导成绩，重在心营意造

如果将教师的功绩具体化，点燃学生的求知欲是最大的一项功绩。这需要教师有一双敏锐的眼睛，及时发现学生心灵的闪光点，将其点燃后形成进取的信心和动力。

北京四中信息技术教师陈嘉在每次选修课下课之前，都会把全班学生的作业上传至网络平台，进行交流展示，一方面是检查督促学生及时交作业，另一方面，也能从中发现信息技术方面的特殊人才，便于进行下一步的培养。出于这样的目的，一个有才华的小女生在她的视野里闪亮登场。

那天，陈嘉像往常一样，在下课前依次播放着学生的作业，当播放到一个女生的一幅作品时，她很惊讶。这个女生平时不爱说话，课上和其他学生的交流也不多，但是，作业却做得非常好，陈嘉及时给予了肯定和表扬。没有想到，下次上课时，她提前来到讲台前，由平时的不说话、悄悄走到自己座位上，变为主动和陈嘉打招呼，询问这次课学习什么内容，并告诉老师，她没有想到自己的作业能受到表扬，还没有人当着全班同学的面表扬过她呢。她还告诉陈嘉，她非常喜欢卡通片。这节课，她听讲十分认真，并和上次一样出色地完成了作业，陈嘉仍然给予了表扬和肯定。此时的她一副充满信心的样子。陈嘉作为教师注意到她的变化，决定给她更多的关注，培养她参加电脑作品比赛。为此，陈嘉找到了年级组长，告诉他这个孩子在电脑制作方面很有才华，希望她能参加今后的电脑作品大赛。但是，年级组长却告诉陈嘉说，这个孩子由于从小体质很弱，经常生病请假，耽误了一些课，各科的学习比较吃力，成绩也不太好，最好能不耽误她其他科目的学习，但他支持让她参加电脑作品大赛。得到年级组长的支持，陈嘉反复思考，能不能通过这门选修课，帮助她学好其他科目呢？

于是，陈嘉主动找她聊天，了解她的思想，并鼓励她说：“你的电脑作品能做得这么出色，说明你很聪明，其他科目你也应该没有问题。”告诉她从每节

日本教育家铃木镇一说："才能不是与生俱来的，是用正确的方法培养的，任何一个孩子都能成为才华横溢的人。"

课专心听讲做起，然后做好笔记，认真看书，完成作业，慢慢养成良好的习惯，成绩很快就能提高。每次见面，陈嘉都主动关心她、鼓励她。

一次课前点名，陈嘉发现她没有来。一打听才知道是她的外祖父去世了。陈嘉赶快打她手机联系，安慰她，并与家长联系，向家长汇报了孩子在电脑选修课上出色的表现，希望得到家长的支持。她的家长尽管很忙，但还是决定配合陈嘉的工作。

第二天女孩来到学校时告诉陈嘉，家长表扬她了，全家人对她都是笑脸，她很开心。听了这话，陈嘉心里很酸楚，看来由于学习不好，恐怕家人很少给她好脸色。这使陈嘉更加感到自己肩上的重任，一定要给这个孩子创造机会，帮她树立自信心，让她开心快乐地学习。陈嘉努力利用一切可能的时间指导她的电脑设计。终于，她的作品参赛获得了北京市二等奖，西城区一等奖。于是，陈嘉利用可能的机会，如选修课课堂上、全年级的选修课动员大会上，向学生们介绍她的作品，给予她鼓励和肯定，让她树立自信心，战胜困难。课下，陈嘉鼓励她以此为契机，促进其他科目的学习。后来，陈嘉跟年级组长了解她的情况，得知她学习上有了很大进步。看着年级组长脸上的笑容，陈嘉开心极了。但是，她知道，帮助这个孩子还有很长的路要走，要协调其他科任教师给她提供更多的帮助，让她的成绩再上一个阶梯。

教育不是一朝一夕就能完成的，是一个大的系统工程。作为教师，要学习用系统工程的思想来指导自己，注重学生的个体差异，因人施教。上面这个例子中，女孩通过选修课取得的成绩，带动了其他学科学习成绩的进步，开始学会正确地看待自己。遇到问题，知道如何面对及正确解决，班主任和各科教师的继续关注和引导，使她有了更大的进步。

人们常说"细节决定成败"，陈嘉认为，对学生的教育和培养而言，要注意学生在学习上的每一个细节：听课、记笔记、做作业、上机操作、洗刷试管等，还要注重让学生养成良好的生活习惯：随手关灯、不乱丢垃圾等，这些都将造就、影响着他们的未来、他们的成长。这不仅仅是教师要求学生的，对教师也是如此，要关注教育教学中的每一个细小的环节，学生的一句话、一个眼神、一个问候，这些可能向教师传递着学生心理活动的重要信息。透过细节，可以了解学生，进一步去发现进行教育的契机，挖掘他们的潜能，这是对教师的挑战。“勿以善小而不为”，注重细节可以使教师大有可为。

引申惩罚结果论，以一言明数理

如果教师惩罚学生的结果是使学生一蹶不振，可以认定为一次失败的惩罚。成功的惩罚会有什么样的结果呢？那就是使惩罚产生诱导作用——学生通过一次惩罚后变得更加昂扬向上。

曹奕是北京四中的另类男生。刚入学时，他是让班主任刘薇最头疼的学生：校服上衣总是敞着，走路时身体总是晃着，对话时永远带着玩世不恭的笑，犯了任何错误都在口头认错时振振有词，可刘薇能觉察到他心里根本就没当回事。但是，曹奕的才气又是那样与众不同，电脑高手，一点就通；英语高手，单词拿着字典背；数学高手，轻而易举解决难题。他的短板是对语文没兴趣，上课也最不认真。刘薇经过和他聊天了解到的情况是，他曾经对语文下过很大功夫，但收效甚微，因此变得自暴自弃，对她这个教语文的班主任也抱着玩世不恭的态度。

有一天，刘薇在课堂上讲《苏州园林》，曹奕仍然心不在焉。刘薇时不时地注视着他，用目光提示他，可他就像没看到、没明白似的沉浸在手中的读物里，刘薇走过去拿起来一看，原来是一本英文小说。

怎么办呢？学生做与课堂无关的事，教师不能没有明确的态度。但说到错误的程度，又似乎没有多么严重。收书？批评？这样简单的处罚之后又能起到多大的作用呢？刘薇的脑子飞快地转着，转瞬间就想好了办法。“曹奕同学，如果你希望语文和英语两不耽误，那就只有一个办法了，把这篇《苏州园林》翻译成英文吧。”她的话一出口，全班同学都很震惊，一时间所有的目光都集中在曹奕身上。但是，刘薇发现曹奕的眼神中竟然有种接受挑战的期待，嘴上仍然喋喋不休地说了一些抱怨的话，然后很不情愿地坐下了。

事实上，刘薇自己心里也很忐忑，担心曹奕反叛的性格会故意对抗她的当代著名学者杜维明说："作为一个为人楷模的老师，他真正的力量来自他的循循善诱的能力。"

惩罚，几天过后他什么也拿不出来；也担心难度太大，在他努力之后会因为对自己不满意而中途放弃，最终还是不了了之。在处理学生问题时出现这样的情况，刘薇领教过许多次了。

第二天的早读课，刘薇不经意地问了曹奕一句："我的惩罚你没忘记吧？"曹奕很不屑地说："我已经做完了。"刘薇心中一阵惊喜，表面却不动声色地说："你是今天拿出来呢，还是需要再润色一下？"他说："我再改改吧。"

这情形让刘薇在内心里已经为这个孩子情不自禁地叫好了。她马上找到英语老师，将整个事情的来龙去脉都讲给了他，想让他在英语课堂上利用一下这个惩罚性的作业。刘薇的想法是，不想让孩子辛苦的成果只作为一个惩罚来呈现，希望这个孩子从这项惩罚中获得更多的成就感。最终，英语老师将翻译《苏州园林》布置为全体学生的一项课后作业，由他对大家的英文翻译进行修改、润色。当曹奕把自己的翻译的内容读给大家时，同学中很多人都对曹奕表示佩服和赞叹，连英语老师也说，翻译得确实很棒。

一年之后，曹奕的语文成绩由入校时的年级 200 多名，连续进步 5 次，上升到年级前 30 名。这是那次惩罚激发正能量产生的结果。

现代伦理学关于"惩罚"主要有两种理论：回报论认为，惩罚是为所犯之错承担责任，关注点落在过去的犯错行为；结果论认为，惩罚是为了寻求某种好的结果，即关注点落在未来的正确行为。刘薇认为将两者综合起来在教育中应用，能将惩罚的作用最大化、最优化。教师对学生所犯错误的惩罚，不应该仅仅指向过去，因为成长中的孩子犯错难以避免，更应着眼于未来。但仅因为关注未来而对于成长过程中的错误毫无惩戒是一种失职、失责行为，所以将两方面调和，争取效果的最大化就成为唯一的选择。

教师如何使犯错学生的惩罚更有力，也更有利，并没有统一的模式和范本，必须根据实际情况灵活机动地运用惩罚。教师认真研究学生、全面认识学生、时时爱护学生，就是用好"惩罚"的不二法门。

引导学生专注，每处必求其实

专注决定深度。一个人做事情如果不能全神贯注，总是心不在焉，到头来必将一事无成。

在学生心里，成绩往往是最重要的，尤其越是优秀的孩子，往往把分数看得越重要。北京四中的初三学生新竹，内心有一个非常强烈的愿望还没有实现，那就是希望自己能够在考试中进入年级前10名。可每次考试总是事与愿违，新竹的成绩总是徘徊在年级30名左右。其实这已经是很多同学梦寐以求的好成绩了，但好强的新竹总是心有不甘。

进入初三以后，因为成绩止足不前，新竹找班主任赵宏伟谈心几乎成了定律，希望赵宏伟帮助她找到成绩不能向前跃进的原因。其实，赵宏伟也百思不得其解。虽然自己已经不给新竹所在的班级上课，但对新竹还是有一定了解的。在老师们的心目中，新竹一向学习认真、勤奋、刻苦，有想法，有方法，有行动，自主学习能力强，是一个全面发展的好学生。赵宏伟确实琢磨不明白她的问题究竟出在什么地方，如何才能够突破，实现她的目标。所以每次只能很牵强地鼓励她：质变是需要量的积累的，只要坚持下去，最终一定会成功。

直到有一天，赵宏伟去她班里听课，在听课的过程中仔细观察新竹才发现了问题所在。那是一节物理课，赵宏伟看到新竹一边听课，一边拿着一本参考书在看。听一会儿课，看一会儿手头的参考书，始终这样反反复复。当课上到一半的时候，老师提出了一个问题让大家思考。新竹也放下了手头的参考书，抬起头，开始静静地思考老师提出的问题。一会儿，有几名同学举手了，她的同桌也举手了但是新竹并没有举手。正好老师叫起了她的同桌回答问题，同桌回答得非常有条理，新竹也一边听一边赞许地频频点头。

一节课很快就过去了，下课后赵宏伟找新竹谈话。他问新竹："这节课究竟有哪些收获？"新竹想了想后对他说："好像也没有什么收获。"他又问道："那么你想过你为什么收获不大吗？"新竹想了想后摇头。赵宏伟马上指出了要害："这节课你始终一边听课一边看其他参考书，老师非常理解你的出发点和目的，从你的内心来说，是想更好地利用时间，提高学习效率。但从实际效果上来

美国著名作家马克·吐温曾说：“只要专注于某一项事业，就一定会做出使自己吃惊的成绩来。”

看，你心里始终怕错过了老师讲的要点、重点，实际上始终没有能投入地将书看进去。因此，导致你书也没有看进去，课也没有听进去，一节课就这样低效地过去了。”

赵宏伟接着分析说：“当老师提出问题时，你也停下来思考，按照你的实力和水平，你完全可以把这个问题想明白，但当同桌回答问题的时候，你还没有完全想明白。同桌将这个问题回答得很全面、很深入，当时你一边听，一边频频点头。你成绩始终在年级30名左右，而你同桌在100名之后，你的综合实力比同桌强很多，同桌能想明白的你一定也能明白。但当时为什么在同桌都想明白的时候你还没有想明白呢？你想过这个问题吗？没有别的，是你不够专注造成的。这节课没有太大收获，是因为不够专注的问题；没有想明白老师提出的问题，也是因为不够专注。”

最后，赵宏伟对新竹说：“你一直想考到年级前10名，甚至是年级第一，但一直未能如愿，究竟是什么原因，你一直没有找到。我认为就是你上课不够专注！课堂是提高学习效率的主渠道，只有高度专一才能高效。课堂上听课不专注，使你对基础知识的理解不透彻，甚至错过一些细节，留下漏洞。你以后只要养成专注的习惯，你一定会心想事成的。”

赵宏伟与新竹谈完以后，她若有所思地离开了。在后续的日子里，赵宏伟有意识地观察新竹，不时抓住契机对她进行肯定和激励，不断提醒她注重效率，专注做事。在接下来的交流中，新竹也越来越兴奋地告诉赵宏伟，她在课堂上对问题越来越敏锐，越来越深入、全面，回答问题也越来越主动、积极，感觉自己状态越来越好，效率越来越高。一个更加自信、阳光的新竹出现在大家的面前。

在几个月后的“一模”考试中，新竹取得了年级第一名的好成绩，实现了她长期以来对自己成绩的期待。兴奋不已的新竹第一时间将这个消息告诉了赵宏伟。最终，新竹也在中考中以优异的成绩考入了四中本校的高中，实现了自己的升学理想。

初中毕业以后，每当新竹在校园里碰到赵宏伟，总会提起这件事，她很感叹地对赵宏伟说：“真没有想到改变我的竟然是两个字：专注！每次当自己走神、紧张、焦虑、浮躁、犹豫的时候，只要想起您提醒我的这两个字，我就立即静了下来，全神贯注、全力以赴地做好自己应该做的事情。这两个字，改变了我的现在，也许将改变和影响我一生。”

赵宏伟庆幸自己帮新竹找到了问题的症结。有时候，解决问题并不难，难的是发现问题、找准问题。赵宏伟也很为新竹自豪，当发现自己的问题时能够下决心，坚持去调整、改变，这体现了她卓越的学习潜质。

赵宏伟总结说：“学习，有很多重要的环节，但最重要的环节应该就是‘上好课’。但怎样才叫上好课呢，最基本的一点应该就是专注，专心致志、心无旁骛。在这样一个最重要、最基本的环节上，又有几个人能够真正做好呢？我曾经做过调查，45 分钟一节课，能专注于课堂 40 分钟以上的寥寥无几。学生若能始终专注于课堂，他一定是最优秀的学生。”

专注，是一种素质，是一种能力，也是做人做事的一种态度。追求卓越，从专注开始。无论做任何事情其实都是一样的，只要专心致志、不抛弃、不放弃，执着而自信地去追求，才能够取得成功。

很多学生并不是不聪明，并不是缺乏才气和能力，缺乏的往往是专注的品质和坚持的意志。教师对于有成长潜质的学生，要重点培养他们具有专注的精神和持之以恒的毅力。学生只要能多一分专注，多一分坚持，就踏上了进步的台阶，学习成绩的提高就指日可待。

赵宏伟总结说：“为追求卓越而专注，为少一分遗憾而坚持。如果说学业的进步有秘诀，这便是其中之一。”

第八章

调动全局，让学生成为课堂主体

当小帝企鹅有了足够的生存能力，便开始忠实于祖先传给它们的搏击风浪的使命。不仅是帝企鹅家族如此，任何一个物种，新生代都会成为族群的主体。人类对后代的教育经过数千年的演变与进步，已经产生了全新的教学方式：由从灌输式过渡到激发式，以激发新生代的创造力为教学的最高目标。

“帝企鹅教育”推崇北京名师孙维刚和北京四中优秀教师高效教学的经验，创新成为课堂主体的教学模式：将课堂变成教师与学生之间、学生与学生之间互动的场所，包括教学讲解、答疑解惑、知识的运用等多个方面都将以学生为主体的形式步步深入，达到培养优秀人才的目的。

学生自主学习，登东岳而知众山

现代教育倡导学生成为课堂教学的主体，教学效率的高与低取决于学生主动性的强与弱。而在中国的传统教育中，教师是教学的主体，学生只是被动的知识的接受者。值得注意的是，由于受传统观念的制约，使学生成为课堂教学主体这一观念往往流于形式，因为简单地进行教学内容的讲授要比掌控一场以学生为主体的课堂教学更容易。从孙维刚的教学实践中不难看出，使学生成为课堂教学的主体，需要教师有渊博的知识，还要有丰富的教学经验，这对于习惯了“一言堂”的教师而言是一种能力上的挑战。

孙维刚认为，教师要造就学生成为课堂教学的主体，指的是教师不要规定学生的发展，不要编好框框，把学生禁锢在这个框框里面。正相反，教师要相信学生中蕴藏着巨大的智慧，其聪明程度往往令教师始料不及。

强调学生在课堂教学中的主体地位，让学生真正成为学习的主人，是教育改革中一个共同的追求。很多教师和教育专家在努力地进行尝试，而孙维刚的教学实践提供了最有价值的参照体系。

孙维刚常说，“要让学生成为学习的主人”，这句话反映在课堂教学中，就是使学生始终处在积极的思维状态，总是想在教师的前面，主动向教师和课本挑战，这样，他们自己走过了“寻寻觅觅”的过程，也可能经历了“高山大河”，将对所获得的知识印象深刻，记忆久远，甚至终生难忘。“大脑高速运转习以为常”之时，正是“强大的头脑日臻成熟之日”。

孙维刚在《孙维刚谈立志成才》一书中写道：“我教他们六年数学，几乎每道例题、每个定理、每个公式，都是引导学生自己动手完成，孩子们争先恐后，抢在我的前面，想出题目的解法，想出定理的证明，甚至我刚刚写出定理的前提，他们就抢到我的前面，猜想定理的结论该是什么，再进一步瞻前顾后，审时度势，需要建立什么概念了，并试着给他们定义；乃至，在我说一句话时，他们就要求自己判断出老师的下一句话该是什么了……”在长期的教学实践中，孙维刚为学生创造条件，让学生发展自己的弹跳力，学生也有勇气跳过横杆，而不是孙维刚把学生托过横杆，这就是学生成为教学主体的核心所在。

清代学者魏源说：“学问之道，其得之不难者，失之必易；惟艰难得之者，斯能兢业以守之。”

孙维刚的学生在课堂上慷慨激昂，被他评价为：“学生之间的聪明才智的相互影响，这不是教师一个人在那块瘠薄的土地独耕所能比拟。”而正是孙维刚为学生创造了条件，使学生的思维能力得到了快速的发展。

孙维刚让学生成为课堂教学的主体，学生就会都感到学习是一桩乐事，不光有浓厚的兴趣，思维也奇迹般地飞跃穿行，仿佛没有攻不破的难关，没有过不去的沟沟坎坎。处于这样的学习氛围中，没有学生走神和偷懒，也没有学生把学习当作包袱而硬着头皮去应付。当然更不可能有谁不懂而“蒙混过关”。学生在知识的海洋里遨游，积极追寻自己锁定的目标，完全表现出了主体意识和主动性。

在孙维刚的课堂里，虽然学生成为教学主体，但是他没有忘记作为教师应为“主体”的学习情况把脉、开药方的责任。每学完一个章节，每遇到一个难点，孙维刚总要一声接一声地追问：“现在谁还不懂？”“全懂了的举手。”“会的谁来推导一下。”他扫视着每个人，叫起一个最爱把类似概念搞混的学生，叫起一个反映比较慢的学生，再叫起一个基础比较差的学生，学生一一全答出来了，全答对了，孙维刚笑了，他说：“你们都会了，我真高兴！这道题很有难度，让同学们半分钟想出来确实不容易。”学生成为主体，教师并不是退居到客体的位置，而是扶持主体，推动主体，才能把教育和教学的作用发挥到极致。

孙维刚在所带的四轮实验班期间，一直坚持不给学生留作业，并鼓励其他学科的教师也尽量少留作业。那么孙维刚的学生真的就非常轻松地度过业余时间了吗？其实不然。

孙维刚的学生孙之星说：“那会儿虽然没有多少硬性作业，但由于孙老师倡导要有超前思维，挑战老师和教材，同学们都想第二天的课上能够多多展示自己的想法，所以放学回家后都自发地去思考、研究白天课堂上所遗留的各种问题。”

不给学生留作业，他们的心里感觉是轻松的。因为不是被强迫着学习，而是把学习、探讨变成自身积极主动的行为，就像一个人爱打篮球，兴致勃勃地玩了几场也不觉得累一样。孙雄刚用课堂教学的魔力主导了学生的思想意识。当学生能够自发、自愿地去学习时，学习就不是一件苦差事了，效果也自然显著提高了，师生之间的关系也更加和谐融洽了。

孙维刚的课堂教学充分发挥了学生的主体作用，促进了学生的自主学习。他非常关注学生学习过程中的盲点、弱点，及时进行引导和点拨，并且把学习的主动权交给学生，让学生自己去合作、去交流，也及时地去肯定与否定自己。这充分说明好的课堂教学激发了学生的学习兴趣，让学生感觉课时很短，意犹未尽，课后学生会把学习的兴趣、探寻的热情延续下去，保持学习良好态势的一贯性。

经过比较可以得出这样的结论，学生的被动性学习与主动性学习的效果完全相反。因为被动性学习是学生不想学，也不能自主地去学习，而是别人让他学，不得不学，没有学习兴趣，没有追求目标，最终导致智力因素不能得到充分的发挥，而且容易在学习中体验到负担和累赘。因此，孙维刚在教学过程中十分注重激发学生的潜能，让他们体验到乐趣和成就感，完成了“要我学”到“我要学”的意识转变，学习成绩的提高，班级的各项管理也都不在话下了。

重视课堂情境，激发学生潜能

学生的学习成绩是智力因素和非智力因素两方面共同作用的结果。孙维刚在找到了学生智力素质提升的训练模型后，如果学生本身没有学习意愿和成功的动力，这一成果也很难发挥作用，为此，孙维刚实施了体验式教育教学体系。

这个体系的核心在于发现情绪规律，并通过团队体验式引导和感化，做到让学生的理性与感性协调一致、身心合一，并把这种积极的态度、想成功的欲望，转化为主动学习的积极行为，最终让学生成为一个热爱学习、快乐学习、主动学习的佼佼者。

孙维刚在课堂上十分重视课堂情境的教育意义。在对他的教学进行观摩时，教师们会不断看到，孙维刚提起以往课上的某个情节，讲述他自己中学时代的故事。有一次，孙维刚在课堂上让学生说出36个三角函数诱导公式。他强调的是“说”，而不是“背”。孙维刚认为，“背”与“说”是完全不同的两种思维方式，“说”的时候会想起教学时的情境，体验到具体的过程，产生联想，而“背”则是机械的行为。

在讲三垂线定理时，孙维刚讲到他的中学同学，有一次在自习课的时候，突然一拍桌子，大声说：“三垂线定理，谁发明的，太伟大了！”孙维刚讲这个故事的意义在于阐述人的顿悟是具有偶然性的，是带有情绪色彩的。这也许就是孙维刚努力使学生在课堂上浮想联翩、思潮如涌的根本意义。因为“情”的联想，“韵”的相通，都会产生灵感，使学生在学习时进入自我沉醉的情境之中。

孙维刚不提倡学生在课堂上记笔记。他说：“真正的好学生是上课认真思索，课后经过分析再将重点内容写下来，从中有所发现，有所创造。”他要求学生不能把思维停留在答案上，一道题做出来应该再回过头考虑一番，从中得到一点启发、一点体会才是真正的学有所获。别人的做法如果与你不同，你就要弄明白他的思路，当你知道了他的思路，就应该以同样的思路想到他的前面去。每当学生对某个问题产生了不同意见时，他都鼓励学生各抒己见，展开争论。在这方面花再多的时间孙维刚都觉得值得，因为在这种讨论的过程中，无论是发言的学生还是洗耳恭听的学生都最有可能在寻找规律、探求诸规律千丝万缕的联系中迈上一个新台阶。

学生最需要用成功来提振自信心，当一道难题被剖析透彻，当一个规律被论证出来，当一个结论被从多种途径推导出来，学生就会体验到成功的喜悦。这种成功不仅使学生学会了某些知识，更重要的是在掌握知识的同时开拓了自己的思路，学会了在不断更新的探索途径上增加自己的才智与能力。这种方法验证了孙维刚教学思想的重要意义，那就是教学不应该以学生学会知识为目标，教师在教学中要把知识当作阳光和水，把学生比作花，以知识为营养，培养学生具有良好的意志品质、运用知识的能力，这才是教育、教学真正要达到的目标。

捷克教育家夸美纽斯说："求学的欲望应该彻底地在学生身上激发出来，学科的一般观念应当彻底地印入学生的脑际。"

孙维刚认为，很多教师让学生讨论问题的做法都流于形式。比如，教师提出某个问题，或写出一道题目后，给几分钟或更多一些时间，让学生分组讨论。然后，解决了问题的小组的代表站起来进行回答。这个问题进行到这一步，OK！完事大吉了。孙维刚认为这种做法有三个方面的欠缺：一、学生的想法传播的范围小，一些不正确的想法教师听不到。二、秩序乱哄哄，在一些基础较差的学校，甚至会打闹起来，课堂上根本没有深沉思考的气氛。三、由于学生是你一言我一语拼接成了答案，你想不到的我想到了，我想不到的地方他给我接上了，而他并没有想到的，你我又想到了。这样一来，问题虽然解决了，但每个人都没有独立完成一个全过程的思考，没有得到有一定强度的思维锻炼，学生的思维水平总停留在一个比较低的水平上。

有的教师为了表明自己的教学不是一言堂，在讲课过程中经常提出一些很简单的问题，例如"对不对呀？""有没有呀？""正的还是负的？"然后让同学们齐声回答，或七嘴八舌地喊。孙维刚认为，这种做法是幼稚可笑的。教师提问的目的之一，是了解学生的想法，了解不明白或想法不正确的学生有多少。在一片杂乱的"大合唱"中，教师怎么能分辨出哪些学生明白了，还有多少学生没有弄明白呢？

孙维刚认为，如果教师真的想要知道学生学习的实际情况，比较好的方式是向学生们说："认为这个变形正确的，请举手。"再问："认为这个变形不正确的，请举手。"两次都不举手的，就是弄不清楚的学生。这时，三类同学各约多少，分别是哪些同学，教师就会一目了然。

曾经有位科任老师对孙维刚抱怨说："上您班的课，真把我急死了，我问问题，没有人呼应。"孙维刚皱起眉头说："不会吧，您别着急，我到班上问问看，找找什么原因，怎么会连陈硕、王一、杨维华他们都没听明白呢？"科任老师说："我不是这个意思，不是他们不明白，而是他们不张口回答，我一问，他们就举手，而不是脱口而出地大声回答。""噢"，孙维刚明白了。他向科任老师解释了课堂上回答老师提问用举手的方式的好处，但这位老师还是有些遗憾，她认为，没有人呼应她，课堂的气氛不够活跃，学习的劲头不足。

孙维刚听她这么说就笑了，他解释道："课堂不是端着刺刀向硝烟弥漫的山头冲锋。我们的劲头，我们的信心，无论是学生的还是老师的，都不是呐喊出来的，而是冷静的思考、深刻的思考的结果，是实在的、深沉的，而不是表面的、虚假的热烈。切不可把缜密探讨的一堂课，演成一幕闹剧。脑子里进行高强度的拼杀，教室的气氛却要井然有序一般安静。静谧的气氛保障了学生进行深入的思考，而在达到这种状态的构思过程中，情绪必须是凝重的。教师的信心建立在哪儿？学生的劲头从哪里来？是靠真理，靠功底，靠教学艺术。"孙维刚又向这位教师补充说："思考的炽烈和局面的热闹，是两回事。"

孙维刚主张在课堂上尽量"不要提示"，他认为教师在课堂上要审时度势，想方设法影响学生，从造就强大的头脑和眼前的实际出发，不时点语引句，但不是提示。为什么不要提示？因为提示是把练习跳高的学生托过横杆去，学生此刻需要的是，纠正错误的动作、发展弹跳力。没有外力的作用，学生跳过了横杆才是真正有了所要求的高度。

换个角度读图，破解认知难题

如果教师以科研素质从事教学活动，必定会有所发现、有所创造，教学过程中也会根据学生的个体情况采用具有针对性的、更直接的方法。教学自然会取得良好的效果。

北京四中数学教师古丹讲授立体几何时，总是会在第一节课末尾留一点时间，请学生们做一个小测验：看着书上一个正方体的图形，按照她给出的方向想象一下切一刀是什么形状？然后她再给出一个方向切第二刀，切出来的多面体又是什么形状？通常，如果第一问就想象不出结果来的学生，在立体几何后面的学习中，往往会因为空间想象能力不够而困难重重；第二刀切后的图形，对有些孩子有一定难度，而那些在以后的学习中表现出良好的空间想象能力的学生，往往可以迅速、准确地答对切"第二刀"以后得到的两个多面体的形状。所以，这个测验成为古丹了解学生空间想象能力的比较有效的工具。

古丹自身的空间想象力比较好，最初在帮助学生提高空间想象能力时，也只能更多地指导学生遵循立体几何的公理、定理刻画的几何关系，从平面图形中寻找关键的“点”与“线”，慢慢想象、构建几何元素的空间关系。这种方法也是讲授立体几何时常用的方法。

有一次刚开始讲授立体几何时，一个女孩很郁闷地跟古丹说：“老师，我好像完全没有空间想象能力啊，第一节课那个小测验，您让我们切‘第一刀’的时候，我就晕啦！后来上课的时候，我也看不懂您画的图，我怎么看那些图，都是平面的，‘立’不起来。”她无意间看了看古丹手上的立体几何课本，突然惊叫道：“咦！为什么我现在全能看懂啦！”古丹也吃了一惊，注意到自己和她当时是相向而立，脑子里灵光一现，脱口问道：“你是左撇子吗？”女孩点头说：“对呀，我是左撇子，但这跟我看不懂立体几何图有什么关系吗？”古丹说：“可能有关系。”接着，古丹又请她将课本倒过来，看看那些以前总是“看不懂”的图形，是不是能“看懂”了？女孩也很兴奋：“啊！这回看怎么都能‘立起来’了？”古丹说：“我猜呀，课本上的图，一般都是右撇子的人画的，视线都是从右往左看的，但也许左撇子的人，更能‘看懂’视线是从左往右看的图形中的空间关系。”

由此古丹提出建议：“以后再做立体几何题，就把书或练习册倒过来看吧。”这个建议，虽然不能彻底解决女孩的问题，但至少使她了解了自己的认知模式，不再认为自己是一个“空间盲”了。于是，一方面，在可能的情况下，她就将书本“倒过来”看图，另一方面她也慢慢试着从正向看图、识图，立体几何的学习随之有了比较明显的进步。

从这以后，古丹再遇到那些通不过小测验第一问的学生，首先会问：“你是左撇子吗？”在这些学生中，回答“是”的学生比例甚高。有趣的是，男生中的左撇子却不一定会通不过这个测试，但是，他们在画空间图形时，却很有可能按视线是从左向右的方向画。

“左撇子事件”给古丹带来的感受很奇妙，她开始更多地关注认知心理学中发现的各种不同的认知类型，她以此为出发点，还在学生中不断发现了一些

> **德国教育家第斯多惠说："教学应该永远追随着生活的进步。所以，但愿教学处处遵守直观性原则。"**

"听觉记忆""视觉记忆"等为其优势记忆方式的学生，这更有利于为他们提供更为适合的学习建议。更重要的是，古丹会更警醒自己不要随意将自己的认知类型推己及人，而要更多地去关注学生的认知形式、认知过程究竟是怎么一回事，这便于更切实、更具体地为他们提供恰当有效地解决问题的方案。

"左撇子事件"让古丹认识到由平面几何过渡到立体几何学生会产生很大的认知差异。因此她在教学中注意根据每个学生的不同特点加强看图能力的培养，训练学生从不同的角度去观察立体图形，从俯视、仰视、侧视、斜视等角度，体会不同的视觉感觉，以开拓空间视野，培养空间感。然后加强画图能力的培养：掌握基本图形的画法，如异面直线的几种画法、二面角的几种画法等等；对线面的位置关系，所成的角，所有的定理、公理都要画出其图形，而且要画出具有较强的立体感。除此之外，她还注重引导学生用语言叙述图形，画哪一个面在水平面上产生的视觉完全不同，往往从一个方向上看不清的图形，从另一个方向上可能一目了然。古丹在课堂教学时还注重多用图形表示概念和定理，多在头脑中"证明"定理和构造定理的"图"，对于建立空间观念也有很大帮助。

教师在教学过程中要注意了解学生的行为习惯，洞悉他们的内心世界，这样才能有目的、有计划、有针对性地调整教学方法。教师"备好学生"远比备教材、备教案更为重要，因为"备好学生"才能做到因材施教、因人施教。作为中学教师，就应像古丹这样以研究学问的素质，细心地观察学生，给出摆脱困惑的方法，使学生尽快适应新的学习内容，有效地完成知识层次、知识层级的转变，在学业上取得大的飞跃，教师才真正完成了"导学"的任务。

平衡失落的心，学习非半道而辍

共同点是人与人交流的起点。教师在指导学生时着力于共同点的情景营造，沟通的大门就会在一瞬间打开。心灵迸发的力量，可以使教师顺利达成引领学生向前的目的。

能考入北京四中的孩子，都是上一学段的佼佼者，但在新环境里，总要面对重新定位自己的问题。当学生完成了第一次的自我定位后，有的孩子会产生强烈的挫败感，这时教师帮助他们树立和恢复自信心对后续的学习具有非常重要的意义。

学生满力是在优越、有爱心、有压力的环境里成长起来的较为单纯的孩子，但第一次考试就令他一蹶不振。徐晓阳决定用分享成长经验的办法帮他树立信心。

徐晓阳与满力的谈话是从很紧张的气氛开始的。满力坐到徐晓阳旁边时心里很惶恐，想到自己只考了六十几分，一定会被老师狠狠批评一顿了。徐晓阳知道他的这种心理后，微笑着说："你是不是正在想，下次一定要考好！"满力愣了一下不假思索地问："您是怎么知道的？"徐晓阳继续说："想考好没错，但要靠你近来在课堂上的表现，恐怕没多少希望。"看着他先兴奋又沮丧的表情，徐晓阳接着说："要是前几天那个非常自信、快乐的你还差不多。"满力的表情又愕然了，但还是有些气馁。"我行吗？在小学里我老考第一名，可现在他们都比我强。"他迅速接过话题，说完这句话，然后就眼泪汪汪地沉默了。徐晓阳听得出来，他特别在意的是成绩排在大多同学的后面。徐晓阳本想说些"很多伟人在成长中都不总是名列前茅"的故事，但了解到满力十分喜欢读书，恐怕这些故事他没准都读过，没有震撼效果，又考虑到自己在这一段时间的表现还是令孩子佩服和肯定的，所以徐晓阳就结合自己的成长经历，把自己和他放在相同的境况下，以此来进行反向激发。

"你这种心情我很理解，我也有过，是很难受，当时我不但感受不到学习的快乐，还总能感觉到被别人瞧不起的目光。小学里我是学区第一名，中学里始终在年级名列前茅，刚上大学时我觉得我就是书中说的那种天才，那种学什么都能学会，考试总在别人前面的天才。但是在大学里我才发现超过我的人太多了……"徐晓阳边说边观察他的表情，而后很投入地把自己的目光放到了无限远处，表情陷入回忆中。

满力听得很认真，见老师停下了马上问："那，您是怎么过来的？"徐晓

北京四中数学教师徐晓阳说："我们与学生的成长时代和环境不同，但人生道路上的许多境遇是相同的，都会面对相类似的困难与彷徨。教师与学生分享成长的感受是一种非常有效的教育方式。"

阳从回忆中拉回思绪冲他笑了笑，说："我就开始自暴自弃，逃避学习，做什么事都带上不高兴呗！然后，然后就这么过来了……"满力的目光先是茫然，但看到老师的笑意后就露出稍许羞涩，而后红着脸挠了挠头。徐晓阳说："我不能使别人让给我名次，就只能冷静反省自己，找出问题，发现自己的长处和不足，扬长补短。后来经过了一个很长的时期，其实直到大学毕业我也没有超过前面全部的同学，但是我学会了认识自己，学会了从点滴做起，踏踏实实做事，这不，现在我觉得我不比我的任何一位从事同样工作的同学差！难道通过这些天的接触，你认为老师水平很差吗？"满力慌张地说："不是的，我们大家都很佩服您。"徐晓阳看到他的思路已随过来了，就接着说："你是个非常聪明的孩子，刚开学我就说过，我相信我们班里的每位同学将来都会超过老师，这里面绝对包括你。通过这次考试，说明你的计划性或效率不够高，假期里只注意放松自己，没怎么进行入学准备，是不是？你想，假期里你要是也像大多数同学那样精心准备了，会是另外一个结果吧。我想你该知道在今后的学习中怎么做了。拿出你的精气神行动起来，相信自己，你肯定行！"

这次谈话以后，徐晓阳在课堂上有意多给他一些发言表现的机会，及时引导他寻找自己的长处和思维的闪光点。不久，他终于从首次考试失利的打击中恢复过来，自信、坦然地与同学进行争论的满力出现在了课堂上，学习成绩也越来越好。

徐晓阳在总结自己对满力的点拨时这样写道："虽然自己与满力同学的谈话不见得精彩恰当，但根据自己对他的后期较长一段时间的心态调适的观察和来自他父母充满感激的反馈，我认为那次谈话是有效的。这使我相信：对待孩子，不必非用华丽的辞藻，只要能怀着一片诚挚的爱心，以心换心，就能打动孩子，激发他们的学习热情。"

人是奇怪的动物，经常要从别人的身上寻找平衡。未成年的中学生更是如此，从相类似的事物平衡自己，从超越他人的过程中获得自信。因此，教师对于学生因心理失衡而带来的问题，要注意与其分享自己成长的经历，这样可以有效帮助他们增强自信心和上进心，但要注意找到与学生存在问题相类似的情境，让他们感觉到自己的问题是正常的，是容易克服的。这样才能产生良好的效果并对学业的提高产生深远影响。

课前五分钟 free talk，学业专精日久而成

方芳在做英语学法讲座时曾经问学生："如果把高考比作一个人，你认为它有多高？是比你高很多还是一点点？和你一般高，还是比你低很多？"每个学生比画着给出了不同的答案，大多数同学都说比自己高。方芳接着说："我希望三年后，我再问大家相同的问题时，你们会说'我们比高考还要高出一头'，高出的这一头是在北京四中学到的更多的知识。比如，我希望你们能够讲一口流利的英语，成为一个优秀的演讲者，但高考不考；希望你们能够欣赏原版英语小说，提高英语阅读水平，但高考也不考；希望你们能用英语写出优美的散文、诗歌甚至小说，高考更是没有这样的要求。但我们只有俯视高考，具备高于它的能力，才能不仅在考试中取得好成绩，更成为全面掌握语言的佼佼者！"

从这段话中不难看出，方芳作为全国著名的英语教师，是站在"一览众山小"的高度看待高中英语教学的。三年后要达到这样一个高目标：不仅让学生收获一门语言，更要收获自信心和超强的运用英语的能力。

方芳实现高目标教学的重要手段之一，就是用好课前五分钟的 free talk。对于这项活动，刚开始时很多学生有抵触情绪。有的学生曾在方芳的课堂上，用自己的 free talk（自由演讲）表达抗议。他用英语说了这样的内容："今天该我做自由演讲，在我看来，自由演讲的意思就是我想说什么就说什么。不用做准备，只有这样我们的演讲才能称之为自由演讲。"说完这段话，这位同学表露出了一脸的得意。他的整个演讲都围绕着 free 这个话题来说对于课前演讲的认识，并没有其他实质性的内容。等他讲完以后，其他学生都饶有兴致地等待着方芳的评价。

方芳十分严肃地对这位学生说："我们的一节课只有 40 分钟，大家想想为

什么老师要安排课前演讲呢？作为 free talker（自由演讲者），大家都把这宝贵的 5 分钟给了你，你就要对大家负责，不辜负大家对你的信任。所谓 free，指的是你可以选择任何话题，但并不是说没有准备想说什么就说什么，希望同学们能够通过认真的准备，让每个人都通过你的演讲有所收获。”

很多学生在进入四中之前从没有做过课前演讲，因此，在这个环节方芳发现了很多问题，特别是高一的时候，紧张是最普遍的现象。大多数学生差不多在知道自己要做 free talk 的前一礼拜就会开始紧张，再加上没有人告诉他们怎样才能成为一个成功的演讲者，站在大家面前讲大段的英文更富有挑战性，因此最初大多数学生对这项活动是很恐惧的。这种不自信可以通过站在台上的表现判断出来。

有一位高个子男生，他坐在教室的最后一排。轮到他做 free talk 时，他从教室后面到讲台只是很短的距离，但大家的哄笑声却是那么肆无忌惮。原来，他走路的时候身体前倾，脑袋耷拉着，两只手臂机械地左右摆动着，活像一只大猩猩。这还不算，站在讲台上，他左摇右晃，眼神游离，声音含糊，根本听不清他在说什么。每次他站在上面的时候，方芳都会忍不住在他后面试图控制住那一刻不停晃动的身体……有个性格内向又散漫的女学生，做 free talk 的方式却着实让全班同学惊讶。她明明知道不允许携带任何文字的情况下，带着长长的发言稿，固执地站在讲台上。在方芳把她演讲稿拿走的时候，她的眼中充满了怨恨。演讲的时候，她纤细的手臂不时地狠命地拍打着桌子，事后她告诉方芳，她想用拍桌子的方式来缓解内心的紧张。有个爱扮酷的男生，在走上讲台做 free talk 前，突然脱去校服，露出短袖 T 恤在外、长袖 T 恤在内的叠加穿法。他讲话的语速非常快：“你们知道吗？我坐的位子是教室中最好的。往左看，它是最通风的地方，往右看……往前看，它可以让我直视大屏幕上的文字。”整个演讲一气呵成，他很得意地回到自己的位置。然后等着方芳的评论。当方芳用英语否定了他的行为时，这名男生一改往日的酷劲儿，有些不好意思地笑了起来。他一定以为老师也在看美剧《生活大爆炸》而感到惊喜

现代教育家叶圣陶说：“受教育者自有发掘探讨的能力，这种能力只待培养，只待启发，教育事业并非旁的，就只是做那培养和启发的工作。”

呢。高三毕业后这名酷男回学校看望老师，当方芳提起这件事时，他解释说，语速快也是因为紧张，生怕忘词，所以采取了速战速决的方式。还有一个平时讲话声音很小的女孩，轮到她做 free talk 的时候，她的眼睛一直盯着讲台，手指在不停地捻着衣角，声音已经到了基本听不到的程度。

方芳面对学生做 free talk 时存在的诸多问题，总是给以细心的指导。为了让学生能够成为优秀的英语演讲者，她想方设法鼓励他们，使他们增强自信、克服当众讲话的恐惧。她对学生说："每当我看到你们站在讲台上时，我的脑海中就呈现出不久后的将来，你们在某一领域叱咤风云的样子。是你们让我了解了金字塔的内部构造，是你们通过配音的方式让我再次欣赏了美女与野兽的精彩对话，是你们给我补上了生命科学中遗传这一课，也是你们通过推荐好音乐、好电影、好的艺术作品使我永远和时代同步，我为你们而感到自豪。坚信有一天你们一定会站在众人面前发表自己的看法，让世界听到你们的声音。希望英语课前五分钟的演讲成为你们为未来做准备的最佳舞台。"

方芳在总结经验后，对 free talk 提出六项要求：一、要围绕一个话题谈，不能太随意。要保证其他同学通过你的演讲有所收获。二、尽量少用多媒体，因为主要是训练大家的公共演讲能力。如果使用多媒体的话，不许有文字，音频或视频不能超过 1 分钟，让听众集中精力于你的演讲中。三、不许带稿子，哪怕是提纲都尽量不带。初期可以背文章，但最好是自己写的稿子。四、时长为 5 分钟，注意时间掌控，上下最好不要超过 30 秒。建议大家课下掐表对着镜子练习。五、吐字清晰，抑扬顿挫，让大家听得懂。六、要有演讲者的风范，身体挺直，目视前方，面带微笑。经过第一轮的训练，学生们进步很快。有些同学对于第一次的表现不是十分满意，于是跟方芳说："下学期我一定要做到最好。"

虽然 Free talk 只是课前的五分钟演讲，但是话题的选择检验着学生对于身边事物的认识、对热点问题的关注度。认识事物的敏锐性和丰富的阅历对演讲无疑会起到促进作用。有一名男同学非常喜欢足球。有一天他来到教师办公室对方芳说："老师，明天我要做 free talk。我可以带点道具吗？"方芳说："可以呀，只要与内容相关就行。"第二天，当方芳来到教室时，看到了他独特的装扮。哇！真是一个足球迷的装扮。四中校服的大背心外面套着三件欧洲球队的球衣，脖子后面像唱京剧似的插着球队的小旗子，胸前戴着去工体看球的小喇叭。怀里抱着一个足球，上面还有国安球队队员的签名。他像打了兴奋剂一样走上台来，讲得滔滔不绝。演讲了五分半钟，任凭方芳在边上打着停止的手势，他都半点没有停的意思。六分钟到了，在方芳的强烈要求下，他很不情愿地走下台。方芳跟同学们说："如果需要关于足球的更多信息，请下课后和这位同学联系。"所有同学都对他痴迷足球的行为印象深刻。

在方芳教的A班，学生的英语平均分可以达到135分左右，但是"足球迷"的成绩属于中等偏下，总是在125 ~ 130分之间徘徊，方芳预测他高考最完美的状态就是考到130分。分数发下来后，他几乎是跳着进了方芳的办公室。"老师，您猜我英语得多少？ 139！"方芳虽然嘴上说着祝贺的话，但真的有点不太相信自己的耳朵。他接着说："老师您知道吗？这次考试除了作文扣分了，其他题都是满分。本来给自己规定的是，完形和阅读的错加起来也不能超过三个。结果考试的时候，我发现完形填空讲的是美国一个高中女子足球队的故事。足球！我一下子兴奋了起来。更有意思的是，阅读中还出现了英国最帅的足球先生 Michael Owen 的介绍……"他滔滔不绝地说着，兴奋得激情飞扬："您知道吗？文章对 Owen 的描述不是那么全面，嘿嘿！"他有些羞涩地笑了起来。这一年，"足球迷"如愿以偿地考上了清华大学，据说后来他还经常穿着四中的校服冒充在校生回到四中操场上踢球。

英语课前讲演，不仅让学生在知识上有所收获，在口语方面得到锻炼，而且还能借以培养学生文明的行为习惯。在听 free talk 的时候，方芳发现有的学生在干自己的事情，有的时候甚至会交头接耳。于是，方芳告诫学生："你需要对别人表示尊重，因为这也是尊重你自己。无论话题是否吸引人，无论做得好与坏，都需要认真聆听，欣赏别人是一种美德，而专注则是对演讲同学的鼓励。"

毛泽东说："读书是学习，使用也是学习，而且是更重要的学习。"方芳认为运用英语演讲、读英文小说，用英文写作都是学以致用的活动。而对于任何一门外语而言，只有会用才算是真正学会、弄通了。课前五分钟 free talk 锻炼了学生当众讲话能力，是学生英语水平“比高考高一头”的有效途径之一，凡是英语教师都应该学习、研究、很好地运用这种方法。

主动性为根本，精者进而堕者退

马国忠认为，传统教学侧重以学科发展为逻辑线索，忽视学生的具体生活，忽视学生的兴趣，从而使课堂教学变得机械、沉闷，缺乏对智慧的挑战和对好奇心的刺激。学生在学习中由于课程内容具有一定的抽象性，很容易使学生厌倦，难以形成坚强的学习意志。马国忠通过对孙维刚教学方法的长期研究得出结论：教师改变讲授方法，破除学生机械式学习的现状，倡导学生主动参与、乐于探究、勤于动脑的学习方法，真正培养学生搜集、处理信息的能力，获取新知识的能力，分析和解决问题的能力，以及交流与合作的能力。像孙维刚那样变学生被动学习为主动学习，进而提升到自主学习的全新模式，这是改变教育现状的关键所在。

主动学习与被动学习的差别很大。主动学习不仅仅是指学生学习的时间长、学习的时候不用教师和家长督促，而且是指在学习知识的时候，主动地找出问题、主动地解决问题，或者想办法解决问题。学生养成自主学习的好习惯，学习起来就会更轻松，花更少的时间取得更好的成绩。

马国忠经常运用下面这个故事来向教师讲解主动学习与被动学习的根本区别。

一位母亲从市场上买回来一个菠萝，好奇的孩子被这个从未见过的东西吸引住了，母亲可以运用两种方式让孩子了解这个菠萝。一是母亲以灌输的方式，即孩子被动接受的方式让孩子知道：“这是菠萝，是可以吃的，它的表面有很尖的刺，你不要去摸它。它很重，你提不动它，但是它是圆的，你可以滚动它。你闻一闻，它是不是很香？现在我们把它拿到厨房去切开，切好后用盐水泡一泡，它吃起来就又香又甜了。”二是母亲让孩子自己去感知，即孩子以主动探寻的方法了解这个菠萝：母亲告诉孩子“这是菠萝”，然后就把菠萝放在孩子面前，好奇的孩子一定会对这个菠萝“采取行动”，比如他可能伸手摸一

郑州维纲中学校长马国忠说：“学生的学习兴趣始自于好奇心：学生自主学习能力的强化始自于对感兴趣问题的探究。因此，激发学生的学习兴趣是对教师能力的一种检验。”

下菠萝，赶紧又把手缩了回来，并且对着妈妈喊：“妈妈，这个菠萝很刺手，我被它刺了一下。”妈妈回应说：“是的，孩子，菠萝会刺手，不要紧的。”于是孩子又尝试抓起菠萝的叶子，想把它拎起来，可是菠萝很重，他马上放下了。他说：“妈妈，这个菠萝很重，我拎不动它。”“是的，菠萝很重。”孩子可能又会尝试着滚动菠萝，结果真的把它滚动了，他高兴地说：“妈妈，我把菠萝滚动了。”妈妈也很高兴地说：“你真能干！”“妈妈，我闻到一股香香的气味，菠萝是不是可以吃啊？”“对，孩子，菠萝是一种水果，是可以吃的。”“怎样吃呀？”“把皮削掉，切成一片一片，用盐水泡一泡，就可以吃了。”“让我试一试……真的很好吃啊！”

这两种方式对孩子会产生完全不同的认知结果。第一种方式，孩子很快就知道了，菠萝多刺、很重、可以滚动；菠萝很香，是要泡了盐水才可以吃的。这是妈妈直接告诉他的，不是孩子自己发现的。将来妈妈又带回来一件新奇的东西，孩子也可能会像这次那样等着妈妈告诉他关于这个东西的知识。

第二种方式与第一种产生的效果截然不同，孩子不仅自己弄明白了关于菠萝的知识，他还学到了了认识菠萝的方法，可以摸它，可以拎它，滚动它，闻它，切开它，尝它，下一次妈妈带回了一种他没见过的玻璃制品，孩子可能又会用他用过的方法来探索它，摸它，滚它，结果它可能掉到地上碎了，于是孩子又明白了，菠萝、玻璃制品，是性质不一样的东西，要用不一样的方法去认识它们。

第一种方式，孩子很快学到了知识，可是他是被动接受的，印象是浮浅的，并且不能学会深入认识事物的方法；第二种方式，孩子也学到了知识，速度比较慢，但是孩子又同时学到了认识事物的方法，还学到了要根据事物的不同性质选择不同的认识方法的思维方式，更重要的是，他体会到了主动学习、主动探索的乐趣和成功感，久而久之，孩子就能形成主动学习的习惯。

大部分教师可能都在不自觉地采用第一种方式对待学生的学习，这其实就剥夺了学生自己主动学习的许多机会，养成了思维惰性，影响了探究问题和解决问题能力的形成和发展。

马国忠给教师提出这样的建议，帮助学生建立主动学习的习惯：不要按照教师自己的意愿把学生的时间安排满，要多留一些时间让学生自主学习，如果学生想不出可以自己安排的学习内容，教师可以根据所观察到的学生特点，给他多提几个建议让他选择；多鼓励学生主动探索；在学生解决问题时遇到了困难，不要急于帮助他，只给他提些建议，更不要急于把结果告诉学生。教师要创造条件让学生参与和体验科学探究的一般过程，包括提出问题、作出假设、推理论证、得出结论等，在这样的过程中培养学生的科学探究能力。学生有了自主学习的习惯，教师给学生提供了自我发展的土壤，学生创新能力被激发出来，学习的效果就会越来越好。

融合先进理念，有造于一切他学

马国忠在长期进行的中小学教学方法的研究中，将中国传统的教学方法与先进的教育理念进行比较，发现传统教学方法的影响往往会对课堂教学的改革带来极大的阻碍。认识这种阻碍并予以克服，将有利于“新课改”目标的达成，有助于学生创新能力的培养。

1. 传统教学观念的局限与偏差

传统教学是在“主知主义”及“教师中心观”指导下的教学。“主知主义”把人的培养仅仅局限在知识的传授上，而忽略了学生的全面发展；“教师中心观”忽视了学生作为“人”在教学中应有的地位和权利。其最终导致的结果是把丰富复杂的教学过程简括为特殊认识活动，且在教学过程中不尊重学生的思想感情、看不到学生的能动性和创造性。

2. 传统教学实践在操作上存在诸多缺陷

这种缺陷主要表现在以下几个方面：一是只重学不重用。传统教学强调学习系统的书本知识，但对于哪些知识用处大，哪些用处小，在什么条件下怎样古希腊哲学家柏拉图说："一个人从小所受的教育把他往哪里引导，能决定他后来往哪里走。"

应用以及知识之间如何配合运用来解决实际问题等没有足够重视，结果在所难免地培养出了很多高分低能的学生。二是只重结果不重过程。传统教学只重视学生掌握知识本身，不重视学生掌握获取知识的方法，教学在相当大程度上脱离了社会与人的发展的实际要求，结果学生只会呆读死记，思维和创新能力较差，更不懂超越教师和教材。三是只重认知不重情感。传统教学将学生视为认知工具，不重视学生作为人本主体的最重要的感受、情感、价值和潜能。事实上，情感发展不仅是教学的重要手段和提高学生认知水平的有效途径，也是学生综合素质的有机组成部分，缺乏情感的教学不可能培养出具有整体生命意义的人才。四是只重计划性不重开拓性。以教育为本位，是传统教学的需要，课堂教学是按计划进行的，每节课无一例外地必须完成规定的教学进度（课时任务），使得课堂教学仅仅成为教师把设计好的教案进行展示，没有任何生机和活力。课堂枯燥乏味，严重影响了教学效果。

3. 传统教学模式易形成师生创造力缺失的局面

传统教学模式导致大部分教师运用"照本宣科"的方法进行教学，这种缺乏创造性的方法，忽视了师生创造力的锻炼与发展。教师仅仅把学生看作知识的接受者，受教育者，不去思考学生是如何学习的，未把学习效果当做教育的核心问题。只是备好内容，登台讲完了事，这是将复杂问题简单化的教学模式。事实上，教学本身是一项创造性很强的工作，由于教师的教学缺少创造性，导致了学生学习时缺少主动性、能动性和独立性，不能培养学生的创新意识和创造精神。

马国忠在对孙维刚的教育、教学方法进行长达十年的研究之后，认为要解决传统教学方法的各种弊端，就要整合东西方先进的教学理念，开创适合高效教育的教学方法。

马国忠与郑州维纲中学的同仁一起，将孙维刚的教学理念与发源于美国的"PDC 青少年成长未来课程（Personal Development Course，简称 PDC 蜕变课程）"

相结合，开发出适合中国青少年快速成长的"PDC青少年成长课五步法"，为学生提供可以自我寻求行为、心理矫正的路径，提高自我进步的空间，促进学生健康成长，帮助学生养成自主学习、自我管理的优良习惯。

第一步：学生直接参与封闭式体验蜕变课程，从体验中感悟人生，寻找最真实的自己，让学生直接从中受益。在每学期的开学初，学生分为五个训练营，进行为期五天五夜的封闭式训练，通过引导、活动、分享体会到感恩、激情、团队、自信、共赢、负责任等30种成功素质训练。学生为自己的人生做出初步规划，并从中体会到成功的喜悦，获得心灵的震撼、感悟和认知能力的改变。

第二步：学生直接参与学习潜能测评，找到自己的短板，有针对性地制定学习目标，改进自己的学习模式；学生直接参与专业潜能测评，找到最适合自己的未来职业方向，直接受益。学生陆续参加各项测评之后，高中学生会拿到学习潜能测评及专业潜能测评两份报告，初中学生会拿到学习潜能测评报告。测评报告包括对学生27个学科专业兴趣程度，7种生涯动机强度，9种能力表现，16种个性特征进行测查、综合分析学生潜能优势，为每个学生精心设计人生的发展路径，帮助每个学生在走向大学、参加工作时找到自己的成功之路。

第三步：学生直接参与成长行动日志的阅读与写作，学生人手一册《PDC青少年成长行动日志》，日日填写、周周批改、月月查阅，评比展示，促使学生养成自主、自发的学习习惯，培养优秀成功素质，规范学生行为，强化学习效果，提高成绩。

第四步：学生直接参与学校组织的大组学习会、小组学习会，依靠团队的力量成长和进步，体验在轻松愉快的氛围中学习和进步的愉悦；从大、小组学习会中对于自己前期的所思、所想、所做进行反省，对完成状况进行总结，并制定下一步的学习目标及具体实施方案。

第五步：学生直接和课题组专家、老师对话，解决学习和成长中的困惑，让课题的成果直接作用于学生，让学生直接受益。参加过PDC成长训练课程的学生曾有这样的体会："作为学生，当我们面对成长的烦恼时，就如同迷途的羔羊；而当我们走进PDC课程时，就如同踏上了回归心灵、寻找生命力量的奇妙路途。”

郑州维纲中学不仅为各位学生准备了《PDC 青少年成长行动日志》，并为各位教师配备了《PDC 教师自我成长搭档》，使各位教师成为教练式教师，帮助学生更好地养成自我管理的习惯。大多数教师深切地感受到，“当我们走进 PDC 课程，同时也就走进了‘照亮别人，成长自己’的道路。”

郑州维纲中学秉承孙维刚和北京四中优秀教师在创新教育方面的探索结果和先进经验，运用一套科学、系统、完善的学习方法和教学方法，为学生提供潜能测查、体验式蜕变课程、学习源点认知教学法等系列创新教学模块，突破传统的教育模式，将教育的作用点置于学生的内心世界（潜意识），运用潜意识的作用，在团队中改善学生心态，提升学生成绩，并最终教会学生运用同一种思维方法解构所有学科，将知识自然融会贯通。在全面实施素质教育的过程中，为迎接知识经济时代的挑战，着重研究与解决在基础教育领域如何培养中学生的创新意识、创新精神和创新能力等问题。

后记

编写这本书的过程，是被北京名师孙维刚和北京四中优秀教师的教育方法时时感动的过程。心灵一次又一次被他们的教育艺术所震撼，眼里一次又一次因他们的精诚挚爱涌上感动的泪水。

作为受过多年教育的本书作者，因时空交错使然，我们没有机会到孙维刚的班上读书，与他一起营造“漫江碧透”“鱼翔浅底”的课堂情境；也未曾有机会在全国最有名的中学——北京四中接受教育，通过教师如此精到、变幻的教学方法获得学问的长进。因此，未曾领受过教师对学生施以的刻骨铭心的爱，也未曾感受到教师比家长细心、比父母更讲究教育艺术的那份细致入微的关怀。由此可见，在孙维刚实验班里读过书的孩子是幸运的，领受过北京四中优秀教师谆谆教诲的孩子是有福的。因为在生命成长的最关键时期被充满爱意的手牵引着，被一种奋进的力量推动着，一步步走向了梦想的圣殿。

在写作这本书的过程中，脑海里也常常涌现出媒体报道的或亲眼所见的教师失职的案例，比如因教师对学生体罚导致学生轻生；学生偶然犯错教师就恶语相加，使其走上犯罪道路等。每当想到这些教育失败案例，心就禁不住隐隐作痛，也更明确了帝企鹅教育的核心价值所在：把教育精英的教育理念和教学方法向广大教师传播出去，为提高全民族的教育水平不遗余力。

教育是强国之本，如果全中国的教师都能用拳拳之心爱学生，认真钻研教育艺术，那么中国的教育一定是最高效的教育，中国的精英人才也会站在全球的致高点上，在各个领域独领风骚。愿全中国的教师都为实现这样美好的前景，把现代教育智慧发挥到极致，为实现伟大的中国梦做出贡献。

特别说明：因考虑学生是未成年人，书中多为化名。

作者

2015 年 3 月 6 日

参考书目

孙维刚. 我的三轮教育教学实验. 北京: 北京教育出版社, 1999

孙维刚. 孙维刚谈立志成才: 全班55%怎样考上北大、清华. 北京: 北京大学出版社, 2006

曹长德. 教育学案例教学. 合肥: 中国科学技术大学出版社, 2008

王一铭, 方莉. 好教师赢在好口才——全球名师的语言艺术. 北京: 印刷工业出版社, 2011

刘振远. 常用名言警句辞典. 北京: 商务印书馆, 2011

赵利剑. 历史: 一堂人文课. 北京: 教育科学出版社, 2012

袁世全. 中外名句大辞典. 上海: 上海辞书出版社, 2012

赵国忠. 中国教学的奇迹: 成就奇迹的孙维刚"教学五部曲". 南京: 南京大学出版社, 2013

方　芳. 英语: 文化之旅, 心灵之约. 北京: 教育科学出版社, 2013

陈月艳. 生物育生命之真善美. 北京: 教育科学出版社, 2013

刘长铭. 教育如此存在: 北京四中教育故事. 北京: 教育科学出版社, 2014